法蕴漂移

《心经》的哲学、艺术与文学

李森 著

2018年·北京
商务印书馆
The Commercial Press

图书在版编目（CIP）数据

法蕴漂移：《心经》的哲学、艺术与文学/李森著.—北京：商务印书馆,2018
ISBN 978－7－100－15740－7

Ⅰ.①法… Ⅱ.①李… Ⅲ.①佛经②《心经》—研究 Ⅳ.①B942.1

中国版本图书馆 CIP 数据核字（2018）第008334号

权利保留，侵权必究。

法 蕴 漂 移
《心经》的哲学、艺术与文学
李 森 著

商 务 印 书 馆 出 版
（北京王府井大街36号 邮政编码100710）
商 务 印 书 馆 发 行
山 东 临 沂 新 华 印 刷 物 流
集 团 有 限 责 任 公 司 印 刷
ISBN 978－7－100－15740－7

2018年4月第1版	开本 889×1194 1/32
2018年4月第1次印刷	印张 7¼

定价：48.00元

李森

1966年生,云南腾冲人。现为云南大学教授、博士生导师、文学院院长、中国当代文艺研究所所长;教育部艺术学理论本科专业教学指导委员会委员,"中华文艺复兴论坛"主席;《学问》主编,《新诗品》主编;"他们"诗派成员,"语言漂移说"艺术哲学理论创始人。出版学术专著和作品集10余部,发表论文和文学作品400余篇。

目 录

自 序 ... 1

一　吟诵与敲门 ... 1
二　呼唤与回音 ... 9
三　英雄之诗 ... 19
四　对话与证悟 ... 29
五　照见之静美 ... 41
六　蕴之语 ... 49
七　空蕴如风 ... 57
八　语言的转经筒 ... 67
九　诸法空相如花 ... 75
十　如是我说 ... 85
十一　五蕴存在的姿容 ... 95
十二　色蕴灵犀 ... 103
十三　度蕴的潮汐 ... 113

十四	色-空轮	... 123
十五	心识四蕴音声相合	... 133
十六	五蕴的漂移轮转	... 147
十七	蕴借假名浪浪相逐	... 157
十八	假设有一颗心漂移无碍	... 169
十九	十二因缘、四圣谛轮转为"那个人"	... 179
二十	涅槃蕴与咒语流	... 191

梵文《般若波罗蜜多心经》	... 201
赤松英译《般若波罗蜜多心经》	... 203
玄奘译《般若波罗蜜多心经》	... 205
《般若波罗蜜多心经》注释	... 207

担当,《行旅图》,纸本墨笔,108×29cm

自 序

如是我说，这部书以本人所创立的"语言漂移说"的思想来阐释《般若波罗蜜多心经》。所谓阐释，其实不过是在广袤无际的心田中种植辞藻、拯救辞藻，或无数次地以初心帮助辞藻芝标形象、破壁而飞，让辞藻那锃亮的、摇曳不止的蹉跎诗意风春过冈、漂移迁流。

从语言和符号生成、使用的角度看，我以为在哲学、艺术和文学领域，概念、观念的生产和复制的垃圾已经堆积如山，其对个人或集体的心灵结构的遮蔽和钳制已经让我无法容忍。我一直想在心灵结构中重整山河，激活心灵结构中赋有尊严的诗意自由。

是的，种植辞藻和拯救辞藻即是呼唤心灵中的万物，因为万物在心灵结构中以辞藻显现其音声形色，恰似星宿以光辉闪烁如歌；每一个辞藻的唤醒，都是事物复活的一条或无数条道路，辞藻总是与它的陌生事物和合为一，犹如旋律在琴弦上蹦跳不已。

辞藻在种植和拯救过程中处于漂移迁流的动态时刻。如果事物与辞藻的磨砺有一个目的，那就是诗意神性的浸润、凝聚和自在绵延。因之，所有被激活或自我激活的辞藻都是富有诗意神性的动词，好比"思想"被激活时是高蹈自觉的"思-想"[1]，"存在"被激活时是风浪天宇的"存-在"。因此，"语言漂移说"（简称"漂移说"），是一种关于哲学、艺术与文学的诗学"方法论"。或许你能使辞藻和事物漂移向某个本质范畴、某价值系统，但这些被迁就的本质和被趋同的价值，在语言生成中也处于被裹挟、被刺痛的漂移状态，如高山倾注流筋以化心阙块垒，苍穹风释云团以霁长天虹霓。是故，诗性的创造既不源于任何古旧而又日新的本质，也不摹于承载着诗意重荷的世间现象，而成于语言或符号在漂移时刻的诗意神性的吟咏反顾、如去如来。此学说或可超越主体与客体、形式与内容、表现与再现、艺术与生活等诸多二元对观的诗学框套。

《心经》是佛陀思-想最完美的体现，这一伟大的东方思-想被小心翼翼地控制在概念、观念和逻辑（知识）生发之前。佛陀指出了人的感觉系统与世界对观交流的诸如五蕴、六根、六尘、四谛、十二因缘等途径，但又以"空蕴"将其消解、唤回在般若之境，让其漂移迁流（般若波罗蜜多），在忘我（弃执）与唤醒（觉悟）的时刻绽开。

当佛陀的思-想与"语言漂移说"相遇，西方思想体统中的那些强硬的概念和观念将被善意地赋予语言运动的落花流水，柏拉图的"理念"、亚里士多德的"纯粹形相"、笛卡尔和康德的"理性"、黑格尔

---

[1] "思-想"中加连线，说明它作为动词，是心灵结构的漂移之状。

担当,《再作不可》之三,山水行草诗文册页,纸本墨笔,20.3×24.2cm

的"精神"等无一例外地被席卷。这不是对某种文明的刻意背离,而是在个人被人自身制造的世界埋葬的前夜,一种无助地复兴东方古老文明的渴望。

历代注释《心经》的高蹈之士颇多,知识性兼体悟性的注释可谓汗牛充栋。本人参修各家要义,不揣浅陋,尝试以"漂移说"思-想笺识,如风一波聊赋湖山,借一铎自消愁肠。

近年来,常想起曾在滇西佛教名山鸡足山出家的担当和尚。书中插图选用担当画作,以表达对这位方外高僧的深切景仰。担当（1593—1673）,云南晋宁县人,俗名唐泰,字大来,法名普荷、通荷,号担当。清初诗书画巨匠,"五僧"之一。其画作与另"四僧"（八大山人、石涛、弘仁、髡残）当比肩而立,却一直被美术史忽视长达三百余年之久。高山流水弦断当续,流芳音声魂兮归来。

本书的写作受惠于美国汉学家比尔·波特（Bill Porter,即赤松[Red Pine]）、英国作家凯伦·阿姆斯特朗（Karen Armstrong）、德国作家赫尔曼·黑塞（Hermann Hesse）、弘一法师、明旸法师和著名学者赖永海、陈秋平等之于佛陀、佛法和《心经》的研究与创见。尤其是赤松的《心经解读》（叶南译）一书以及弘一法师的《心经》讲解对我的嘉惠是无与伦比的。古今中外学者、作家的芝兰诗思、高古法蕴犹如振铎回响,一直伴我修行。

二〇一七年元旦燕庐

一　吟诵与敲门

《心经》是旷世美文,是横空出世的锦绣辞章,亦是艺术哲学(诗学)诗、思、言三维会通的伟大典范。《心经》不宜以叙事文阅读,只能以韵文吟诵。吟诵,是要找到一种心灵节奏;找到心灵节奏,然后让它如花瓣自开,自显音声形色的万相。说到底,吟诵是对心灵节奏的打捞、创造或激活。所谓打捞,是对失忆的或黏入深渊的那种渴望自由和飞翔的生命节奏的挽救;所谓创造,是对那种可歌可喜的心灵节奏的养成与安慰;所谓激活,是让生命在此时自我开显、自我奔涌。可以吟诵,是一切文学(所有用文字书写的杰出文本都是文学)最高蹈的诗意表现。这种诗意表现源于至善至真的人间情怀——尽管所谓的至善至真,或许只是善的一线连天泡影、真的一湖春山之梦。然而,吟诵不能停顿,风已起,湖在动荡,救命稻草在泅渡心灵,人如丹青碧浪在舒展与凝聚,自成般若化境。

让我们来吟诵《般若波罗蜜多心经》:

观自在菩萨,行深般若波罗蜜多时,照见五蕴皆空,度一切苦厄。舍利子,色不异空,空不异色,色即是空,空即是色,受想行识,亦复如是。舍利子,是诸法空相,不生不灭,不垢不净,不增不减。是故空中无色,无受想行识,无眼耳鼻舌身意,无色声香味触法,无眼界,乃至无意识界。无无明,亦无无明尽,乃至无老死,亦无老死尽。无苦集灭道,无智亦无得,以无所得故。[1]菩提萨埵,依般若波罗蜜多故,心无挂碍,无挂碍故,无有恐怖,远离颠倒梦想,究竟涅槃。三世诸佛,依般若波罗蜜多故,得阿耨多罗三藐三菩提。故知般若波罗蜜多,是大神咒,是大明咒,是无上咒,是无等等咒,能除一切苦,真实不虚。故说般若波罗蜜多咒,即说咒曰:揭谛揭谛,波罗揭谛,波罗僧揭谛,菩提萨婆诃。

反复吟诵。《心经》的言辞,如永恒的煦光,造就了一叶扁舟让我们登临。只需要反复吟诵,吟诵者甚至抛却了所有语义,只剩下竹篙兰枻的生命形式和节奏在划动。吟诵不需要语义,只

---

[1] 几乎所有版本都在"无智亦无得"后断句,我以为应在"以无所得故"后断句。此句完后,开始呼唤"菩提萨埵",与上面呼唤"舍利子"和下面呼唤"三世诸佛"相对应。是为美文的节奏铺排,文义上是一种问答式的写法。

担当,《千峰寒色》之九,山水诗文册页,纸本墨笔,22.9×34.5cm

需要恒久不灭的照耀之光，只需要风云一罄、霞光万卷的流溢沉浮。吟诵是一种信念、一种气息，吟诵者相信自己已然在泅渡之中。吟诵，既是人，也是竹篙兰枻的自性超度。自性的到达是无智无碍的澄澈明亮。吟诵的自性是满身欢喜的自性般若。

反复吟诵。吟诵，是使音声形色的声浪涌动起来，浪浪相涌，波平万苦。苦是生命之劫，它源于恐惧，即源于自性观照的缺失，源于自闭的种种形式或系统。自性是自在的自然放逐，是对存在的觉悟超脱。自性肯定不是自我。自我是向内凝聚，自性是广阔处开显。可以肯定，通过佛经的吟诵回归自我的途径是错误的。印度圣哲克里希那穆提在"恐惧的根由"一则中写道：

> 渴望变得更好、更有成就，会助长依赖性，进而引发恐惧。然而不恐惧并不是恐惧的反面，也不是刻意鼓起勇气来。若是能了解恐惧的起因，恐惧就会止息下来，但不是变得勇敢，因为在变成的活动里还是有恐惧的种子。依赖人、事物或观念都会助长恐惧，依赖性就是从无明、缺乏自我认识和匮乏感所产生的。恐惧会使我们的心缺乏安全感，并且会阻碍我们的了解与交流。
>
> 透过自我觉察我们会了解恐惧的起因，不但是表层的恐惧，还包括长期累积下来的深层恐惧。有的恐惧是与生俱来

的,有的则是后天养成的,但是它永远跟过去的历史有关。因此我们必须透过当下的真相来了解过去的历史,才能解除恐惧。过去的历史一直想在当下复活,于是就造成了我们对"自我"的认同。自我才是所有恐惧的根由。[1]

反复吟诵,是法的绵延、蕴的迁流漂移。此所谓法的绵延,即是语词与生命节奏和合为相的迁流漂移。《心经》的语词漂移状,是对漂移边界的澄清,而非将生命的存在引向深渊、放入彀中。因之,吟诵是非深度构造的、非价值观的、非历史重荷的诗意澄怀。在自然事物与知识文化之间,人深陷囹圄的心灵和心智需要破壁而飞。这是生命自由的存在途径,是自我超越的轻盈之旅。因此,吟诵实则是一种法(蕴,道路)的空寂自度。在佛陀看来,即便是自己的身相也要超越,更何况是自我的认知系统呢?《金刚经·如理实见分第五》云:

> 须菩提,于意云何?可以身相见如来不?
> 不也,世尊。不可以身相得见如来。何以故?如来所说身相即非身相。

---

[1] [印度]克里希那穆提:《生命之书》,胡因梦译,译林出版社,2011年,第122页。

佛告须菩提："凡所有相皆是虚妄。若见诸相非相，即见如来。"

吟诵如江水滔滔，涌向万方；如雁阵款款，横过空天；亦如风动万象，芝标千壑。吟诵，是自我呵护、自我照亮，照亮我的古往今来。我吟诵《心经》，佛陀让我从任何地方醒来。在任何地方醒来，就是在任何地方超越、自救。《心经》是引领世人超越与自救的伟大诗篇。《墨子·三辩》云："昔诸侯倦于听治，息于钟鼓之乐；士大夫倦于听治，息于竽瑟之乐；农夫春耕夏耘、秋敛冬藏，息于聆缶之乐。"我吟诵《心经》，因为它是心灵的一扇空明之门，而这扇门，却没有门框和门槛。我的《屋宇》组诗中有一阕《敲门》，可喻我在这烦恼的人世间吟诵《心经》的自我泅渡之乐、自我风标之欢喜：

  曾记得在高黎贡山下，有一间木头房子。
  房外有一堵石头挤着石头的墙壁。叶挤着叶。
  有一块门板立着，没有门臼。没有锁链，只是立着。
  曾记得有一个孩子尝试着去敲门。
  他对里面的人说，请开门吧，我有一句话要对你说。里面没有回音。

他天天去敲门,门始终未开,只有花开。
他只好对着门缝说,我要对你说的那句话是:
"你是我的爱,我要告诉你我的恨。"
这是他童年的最后一句话,最后一次敲门。

二　呼唤与回音

《心经》是人人的心经，它呼唤人人，人人呼唤它。人人呼唤人人，在晃荡的浮桥上漂移。人人都是一咏三叹的词汇。人作为一个词汇或一堆词汇，被置于有和无、生和死、明和暗、意义和无意义等二维关系的门槛上。门槛的两边，都在呼唤。《心经》犹如一个移动的门槛，上面站满了心灵结构中许多孤立无援的辞藻。辞藻即人，人即心灵结构中事象的开显。

《心经》也是言辞的一座屋宇，是言辞自我建筑的皈依之所。《心经》是所有无辜之言辞的母体，它生发出无限多无辜的言辞。我有一首《屋宇》吟诵：

> 郁郁的白，是头顶隆起的空天，我受不了高处凝滞的隐晦。
> 难道桃受得了，李受得了，花红受得了？可我有瞬间崩溃的苦楚。

我养的雷手,正在试验新雷。所有的锯子,吐着木屑,看不见手腕。

我造的风箱,突然吹出狂风。小喽啰在山坡上拔起树,扛着乱跑。

郁郁的青,山坡下是我的屋宇。我有青瓦,我有诗书,我有火塘。

屋檐需要滴水,就滴水。檐下的石块需要窝陷,就窝陷。一切照旧。

我的门前弯着一条河,时刻弯着,从平静的低处浮起水湾。

鱼儿不是我的。鱼群是刀锋,水光是磨石,来回磨砺,永不停歇。

船不是我的。船是掏空的锤,为浮动而掏空,浮在水湾。

有时,我在屋宇中,在火塘边沏茶,为等待而学习遗忘。

此时,我在屋外,看着树上所有的果子模仿麻雀,向屋宇靠拢。

我还看见过,春光心慌,点燃夏火。秋云伤怀,抟成冬雪。

> 我知道，世界等着我开门瞭望，门槛等着我回来闭户厮守。

所有伟大的美文均可以吟诵，而吟诵何为？吟诵，即呼唤。

所有伟大的呼唤都面向"空"，面向呼唤之不可得，因之，呼唤更为悲智。悲智，即悲心。当那位不知名的作家，那位释迦牟尼佛的追随者书写《心经》时，其呼唤之音可谓感天动地、风标八荒。然而，最悲智的呼唤是平静而欢喜的。呼唤之声如波纹连着波纹，古往今来生生不息。

那位书写者的书写即是呼唤，向着那颗假设的"初心"。他先呼唤一位被各种神力和愿望不断塑造的觉悟者，这位觉悟者就是观自在（观世音）菩萨。于是，他用横空绽放的言辞概括了他要写的第一层意思："观自在菩萨，行深般若波罗蜜多时，照见五蕴皆空，度一切苦厄。"这一呼唤，使观自在菩萨成为《心经》的悲心主角。其实，在我看来，呼唤的第一个对象观自在菩萨，即是呼唤者本人，是那位勇敢觉者的自我呼唤。

伟大的作品都是自我呼唤。我甚至可以大胆地认为，《心经》作者的千古之谜可以在此解开：那个作者不是别人，正是观自在菩萨这位神秘的人物。《心经》的这个写法，让所有吟诵者都成为呼唤者。每一次呼唤，都有一种万象忽然洞明的惊讶。这种惊讶，犹如第一缕曦光的照临，仿佛自己真的就是观自在菩萨的现实化身。事实上，观自在菩萨化身为人人，化身众多，正是他的本事。在所有大菩萨中，唯有观自在菩萨的形象可以在不同心灵的呼唤中不断化身、不断漂移、不断丰富且兼具男女身相。

美国学者比尔·波特认为："我愿意把《心经》中出场的观自在视为佛母转生后修证的菩萨果，而他的名字，观自在，也许还暗含着摩耶夫人转生的那位知足天天神的消息：知足天是位于忉利天上方的天界，释迦牟尼为诸天神讲说阿毗达磨的地点则是须弥山顶的忉利天。摩耶夫人转生的天神听闻阿毗达磨之后，得以入于观境，成自在主，也许这就是'观自在'所从来？至于摩耶夫人转生的天神现为男身，只是因为早期佛教中以男身为尊的观念；而另一方面，观自在菩萨作为所有菩萨中唯一具女身形象者这一事实，则可视为摩耶夫人转生之有力证据。除此之外，尚有一事值得注意：观自在以大悲之心救度众生，有三十三种化身随缘示现，而须弥山顶居住的天神恰好也是三十三位（欲界六天之忉利天位于须弥山顶，又名三十三天）。"[1]在世人心中，观自在菩萨的确有圣母母仪天下的美德。也就是说，世人对于观自在菩萨，有一种恋母情结，任何事情，都想向着这位圣母倾诉。

---

1 [美]比尔·波特：《心经解读》，叶南译，南海出版公司，2012年，第64页。

在呼唤了观自在菩萨之后，紧接着，书写者开始呼唤佛陀的弟子舍利子："舍利子，色不异空，空不异色，色即是空，空即是色，受想行识，亦复如是。"依心灵节奏反复吟诵、反复咏叹的力量推演，他又一次呼唤舍利子："舍利子，是诸法空相，不生不灭，不垢不净，不增不减。是故空中无色，无受想行识，无眼耳鼻舌身意，无色声香味触法，无眼界，乃至无意识界。无无明，亦无无明尽，乃至无老死，亦无老死尽。无苦集灭道，无智亦无得，以无所得故。"呼唤了舍利子，然后再呼唤菩萨，也可以说是观自在菩萨或所有菩萨的再一次的自我呼唤："菩提萨埵，依般若波罗蜜多故，心无挂碍，无挂碍故，无有恐怖，远离颠倒梦想，究竟涅槃。"两次自我呼唤，两次呼唤了舍利子，表达了"空"的思想之后，开始呼唤众人（或大乘的所有佛）："三世诸佛，依般若波罗蜜多故，得阿耨多罗三藐三菩提。"最后，呼唤者又呼唤自己和所有迷途的人："揭谛揭谛，波罗揭谛，波罗僧揭谛，菩提萨婆诃。"最后，呼唤蕴成了咒语流，绵延不绝。

自觉、觉他和觉行圆满之路，在呼唤的引领中伸向无穷无尽之境。在呼唤中，呼唤者的悲智与悲心，始终抓着幻化漂移的语言这根救命稻草。

呼唤需要有人或有物听见。此乃呼唤的生命渴望。尽管佛说"诸法空相"，万法皆归于"无蕴"（漂移的空蕴），但无论是圣

担当,《高士图》,纸本墨笔,108×59.3cm

担当,《高士图》,局部

人的呼唤还是凡人的呼唤，呼唤毕竟是一种情愫、一种裹挟着音声形色滑翔的灵魂自度（渡）。这一义，是我们阐释佛经时必须要说明的。佛法反对纵欲，但也反对过分节欲。纵欲和节欲，毕竟都是"我执"，即是一种心理、行为或身体的疾病。真实的佛陀具有人间情怀。他的父亲净饭大王逝世前，他带着堂弟阿难和儿子罗睺罗回到迦毗罗卫国看望。父亲逝世后，他虽沉默寡言，但眼里噙着泪。他为父亲守灵，出殡时为父亲担棺。这说明，在佛陀的心中，在佛法中，情与义不能遗忘。

情与义之蕴，本身是一种慈悲心；真、善、美作为心灵初蕴，也是一种慈悲心；爱心，是慈悲心。慈悲心呼唤慈悲心；诗意的隐秘语汇呼唤诗意的生成。这种呼唤，是爱之般若、情之真谛。我有一阕《听见》吟诵：

> 缪斯妹妹，我又听见了你
>
> 那天凌晨，山坳分娩出一只公鸡
>
> 你的织机，牵引着湖面一个蓝色纺锤
>
> 你的绿荫，缠上了万亩棉桃
>
> 你的蚕蛹，坠成空天的星座
>
> 你的辞藻，在铜鼓里敲打

> 你的事物,在我的故乡声声袭来
> 顷刻间,我的围墙和烟囱悄悄发热

呼唤须要回音。呼唤本身就是回音。犹如两座山峰彼此呼唤,天下所有山峰静默而立;犹如两条河流彼此呼唤,天下所有河流奔涌出川。

呼唤,在眼中之远,风帆竞渡;呼唤,在耳中之阔,鼓角峥嵘;呼唤,在心灵之高,日就月将。

三　英雄之诗

《心经》是英雄之诗。能把佛陀的思想如此精粹地在一篇短文中表达出来的人物，其襟怀之大、眼界之高古，自然非英雄莫属。

此人一出口，就诵出"观自在菩萨"，且直接就说菩萨的修行达到了觉悟之玄妙至境的时候，"照见五蕴皆空"。也就是说，他一咏叹，就把心灵结构凝聚的五条通道——五蕴，都咏颂出来。不但咏出五蕴之为因，且咏出了"度一切苦厄"的修行之途，乃至修行之果。这是直笔的写法，霸气非凡且温润如初。

大凡英雄之诗，都用直笔书写。圣人是直白的，那种拐弯抹角、哼哼唧唧、玩弄概念、空喊口号的人，非怯懦书生即文字盗贼。但这种霸气，是外圣内霸，一般的心灵是接不住的，也体会不到。文字外圣内霸，是说它的表达非常平易朴实，恰似儒家讲的不偏不倚的"中和"之美，这种美从"中"截断众流，漂移而出。

只要"照见五蕴皆空",即"度一切苦厄"啊,多么直截了当。一切苦都度了,还有什么可说的呢?此壁立千仞之秀也。

比尔·波特说:"在大本《心经》里,菩萨之后还缀有'摩诃萨'一词,这也是大乘佛经中的常见用法(但并不限于大乘佛经)。根据对'萨埵'的不同理解,摩诃萨可以理解为'伟大的人'或者'大英雄'。不过,这个词在佛经里最初是用来指称狮子的,后来才逐渐用于尊称那些勇气堪与百兽之王媲美的人物。从历史上看,'菩提萨埵'的称呼在佛教出现以前就已经为古印度的其他宗教派别所使用,而'菩萨摩诃萨'却是佛教特有的。"[1]

大英雄吟诵英雄之诗,更何况《心经》并非仅仅是文字般若,更重要的是,它是行动般若,即身心兼修的行动般若。这就是说,玄奘译的《心经》仅仅260个汉字,就把佛陀的思想讲到位了。它不是制造概念,而是稀释概念。其非立亦非破,而在破立之间。这种书写,是洪流滚滚却又平静无声的诗意迁流。此诗意,是一种古朴的诗意情怀。万物洞开世界,且尚未被染污;语词洞开世界,语词也尚未被污染。

英雄吟咏英雄之诗,实则是以诗意自救或自觉。而文字盗贼

---

[1] [美]比尔·波特:《心经解读》,第60页。

吟诗作赋、玩弄辞章，实质是制作一个个概念电筒去照他人而不照自己。

雨果说："在绝对正确的革命之上还有一个绝对正确的人道主义。"而我要说，在绝对正确的价值系统、意义系统之上，还有一片绝对正确的无意义的天空。

若把世间学问分为真、善、美三层，则第一层之真是科学、工具理性层面（自然科学和社会科学之实相存有层）；第二层之善是价值观、意义系统层面（人文学之心相构造层）；第三层之美是无意义层面（诗与神之空相诗意漂移层）。

在三个层次中都有英雄心，亦有英雄的行为书写，但最高级的英雄心不是发现理性、创造理性，也非创造价值观系统或巩固价值观系统，而是在空的无意义最高层，引领有执障者释放心灵结构的凝聚（诸法）之重。

如此说来，所谓英雄之诗，非实相、心相（心法）之诗，而是空相之诗。乔达摩·悉达多是位伟大的诗人，《心经》的作者也是位伟大的诗人。伟大的诗人总是一次又一次地第一次化万物为文辞符码，让万卷葱茏作为诗意在空天漂移。古朴而空幻，古朴即空幻的澄明；空幻而初心，空幻即初心。空非无，而是万物初相的绽放登临。

自觉而觉他的英雄，不是一个整体的神，不是一个观念整体。这一点，必须向世人振铎告白。

佛法思－想和基督教思想是不一样的，它的伟大之处是不设置一个整体的神。小乘的"自觉"，大乘的"觉他"，都是度人到达彼岸——"觉他"的过程本质上也是一个"自觉"的过程。

佛法不设置一个整体的神——一个没有生死、没有缺陷、没有时间更替变化的整体的神，所以人人都可以成佛，都可以在自性自足的此在泅渡。

当然佛还有很多称呼，一般老百姓和小乘佛教讲的佛，是现在佛释迦牟尼。佛是觉行圆满者，是正遍知，菩萨是追求觉行圆满者。虽差着一级，但也已经证得般若。很多到达菩萨层次上的修行者，最后都可以成佛。所以，观自在菩萨能达"照见五蕴皆空"的境界。

观自在（或圣母观世音）菩萨，是位无诗意和法蕴执障的诗意英雄。英雄是孤独的，菩萨英雄是诗意英雄。但诗意英雄的孤独，并非曲高和寡的孤独，而是自性般若的孤独。这样的孤独无因亦无果，无风亦无浪，可还要在因－果和风－浪的夹缝之中开显，蕴得诗意的漂移迁流。

伟大的文学中都浸润着"英雄义"和"儿女情"两种高蹈文韵，我以为《心经》和《金刚经》等佛经中，即风奏着如是"高山流水"。

我的《春荒》组诗中，有一阕《归去来》可叹。此为"英雄义"在寻找"缪斯妹妹"的"儿女情"：

> 一千匹马中听不见知音
> 一山，一水。一山，一水
> 一千只鸟中看不见知音
> 一天，一地。一天，一地
> 一千年的日子里没有知音
> 一黑，一白。一黑，一白
> 一千里的坟堆没有知音
> 一高，一矮。一高，一矮
> 缪斯妹妹呀，莫辜负
> 古往今来，两个人影
> 一前，一后。一前，一后

人世间寻觅旷古知音者，必有英雄心。宁愿饿死首阳山而不食周粟的伯夷、叔齐兄弟，琴师俞伯牙与樵夫钟子期，皆为诗意英雄。当然，最伟大的诗意英雄，还是我的那位古往今来的灵魂师傅，乔达摩·悉达多。还有视死如归的、永远的青年导师苏格拉底，骑在牛背上的那位维特根斯坦的祖先李聃，带着众弟子在河边风咏的诗人教授孔丘，在梦中迷恋蝴蝶、化作鲲鹏从北冥飞往南冥的庄周，在东篱下采菊、忽然在灵魂中惊现南山的陶渊明；还有诗神缪斯妹妹引来的万斛春水，以及她的农夫哥哥播种在大地上的千壑辞藻。

陶渊明《拟古·其八》中的诗句，可喻我心：

不见相知人，惟见古时丘。
路边两高坟，伯牙与庄周。

英雄心，是般若心；儿女情，是般若花。

英雄之诗不是用语言来书写，而是用身体去书写的。又譬之少年英雄霍去病，他和他的长途奔袭的马队犹如万象风涌的音符，穿越过去、现在和未来的所有心灵视野中的壁障，不荒于目，不绝于耳，不冷于心。我的《春荒》组诗中有一首《霍去病墓前的石马》赞颂：

祁连山，祁连山，祁连山
所有苍蝇都服从它们的翅膀
所有明亮的翅膀都服从它们的苍蝇
只有英雄的石马服从它的风化

大漠,大漠,大漠

我的空白向四面八方铺开

他的马蹄声,他的音符堆积如山

担当,《太平有象图轴》,纸本墨笔,116×55.6cm

担当,《太平有象图轴》,局部

四　对话与证悟

伟大的书写都是反概念的，自古如此。

可是，伟大的书写者又要制造概念，以表达人类雄心勃勃的某种观念内涵。

在制造概念与反概念之间，有一种暖流在风春万物，有一种生命的激情在蒸腾，这就是漂移着、摧枯拉朽般漂移着的人类精神中的诗意。

心灵节奏的诗意要寻找倾听，寻找对话者。不过，不是所有人的对话方式都是诗意的。多数学者，尤其是那些"概念控"的学院派学者对话的方式、对话的路径是概念式的，说到底，这类人是可怜的人，他们的心灵结构中被死亡的概念所填充，垒石千重而不见草木。

世人多以为哲人与人对话靠的是概念，因为他们以创造概念为乐事，其实那是普通知识人的观点和做法。圣哲的书写，实质上都是诗的书写，柏拉图如此，被誉为道德天尊的李聃如此，孔孟的书写亦如此。圣哲制造概念，是要将概念当作铺路石，以开掘遐迩通途，领略锦绣千帆，赋得万壑辞章。《道德经》是心灵史的组诗，这组诗可以用任何方式断开重组，其诗思仍然饱满如初，犹如撒豆成兵之势；《理想国》是心灵史的诗剧，它的表现方式是一阕阕文学修辞，洞喻、线喻、床喻、日喻，为哲学史（亦文学史）的著名比喻。

圣哲的心灵史，是文藻漂移、不断磨砺、不断激活的精神史。

《心经》的作者在思-想上与佛陀对话，他是显在的作者。佛陀是第一个隐在的作者，观自在菩萨是第二个隐在的作者，舍利子是第三个隐在的作者，所有人（三世诸佛）都是隐在作者。显在作者与所有的隐在作者进行对话。这种对话使《心经》成为一个绝对开放的文本。所有伟大的文本，都有一种绝对开放的纯粹真诚，有一种自在直观的绝对纯洁。文字，是初心的文字，生发于初心而漂移于初心。

初心不是一颗本体的心，不是价值观的心，也不是佛法的心。

初心是瞬间敞亮的蕴，是心灵结构中蕴的自我澄明、自我确证。

初心的显露是难的，自认为初心之心并非初心。

初心既不负载语言或物事下沉,也不孤芳自赏般飞翔。

在空-明中,初心般若花开为初心。

语言出现就是为了对话。所有古老的语言,其流传的文本要么是对话体,要么是寓言体。而寓言体,实质上也是对话文体。对话体与人对话,寓言体与动物或事物对话。一言以蔽之,均是与人和世界对话。

所有佛经,都是对话书写。无对话即无书写。

对话书写以使心灵在-场。所谓心灵,就是一个场域。以佛法的哲学观和我的哲学观而言之,对话不是为了寻找"本质",而是为了敞开"本现"。借用马丁·海德格尔的说法,对话使在-场者"驶入本现之中"。海德格尔说:"本质(Wesen)只是被表-象,即idea［相、理念］。而本现(Wesung)不光是'什么〈存在〉'与'如何存在'的结合,因而是一种更丰富的表象;而不如说,〈本现〉乃是这两者的更原始的统一体。"[1] 在我看来,本现,也是一种蕴,这种蕴亦在漂移时刻获得本现自显的在-场。没有同一不变的本现。本现可能在对话中瞬间生成,瞬间寂灭。

---

1 ［德］马丁·海德格尔:《哲学论稿(从本有而来)》,孙周兴译,商务印书馆,2012年,第307页。

《心经》有"大本"和"小本"之分。大本《心经》在书写形式上更符合佛经的对话书写格式。前有"序分"缘起,后有"流通分"赞颂。或说大本《心经》的"序分"和"流通分"是后人所加,添加书写内容的目的之一,即是为了营造佛陀在一场的对话现场,使《心经》的思-想得到佛陀的认可。可我们今天来看,这个对话现场中的观自在菩萨,与我们通常理解的观自在菩萨"内涵"是不同的。观自在菩萨的身份和语义总是处于漂移之状,为不同时代和文化语境中的阐释者所塑造。此录罽宾国三藏般若和利言等所译大本《般若波罗蜜多心经》(《高丽藏》No. 1383)如下:

> 如是我闻。一时佛在王舍城耆阇崛山中,与大比丘众及菩萨众俱。
>
> 时佛世尊即入三昧,名广大甚深。尔时众中有菩萨摩诃萨,名观自在,行深般若波罗蜜多时,照见五蕴皆空,离诸苦厄。即时舍利弗承佛威力,合掌恭敬白观自在菩萨摩诃萨言:"善男子,若有欲学甚深般若波罗蜜多行者,云何修行?"如是问已。
>
> 尔时观自在菩萨摩诃萨,告具寿舍利弗言:

舍利子，若善男子善女人，行甚深般若波罗蜜多行时，应观五蕴性空。舍利子，色不异空，空不异色。色即是空，空即是色。受想行识，亦复如是。舍利子，是诸法空相。不生不灭，不垢不净，不增不减。是故空中无色，无受想行识。无眼耳鼻舌身意，无色声香味触法，无眼界乃至无意识界，无无明亦无无明尽，乃至无老死亦无老死尽。无苦集灭道，无智亦无得。以无所得故，菩提萨埵依般若波罗蜜多，故心无挂碍。无挂碍故无有恐怖，远离颠倒梦想究竟涅槃。三世诸佛依般若波罗蜜多，故得阿耨多罗三藐三菩提。故知般若波罗蜜多是大神咒，是大明咒，是无上咒，是无等等咒。能除一切苦，真实不虚。故说般若波罗蜜多咒。即说咒曰：揭谛揭谛，波罗揭谛，波罗僧揭谛，菩提萨婆诃。如是舍利弗，诸菩萨摩诃萨于甚深般若波罗蜜多行，应如是行。

如是说已，即时世尊从广大甚深三摩地起，赞观自在菩萨摩诃萨言："善哉善哉。善男子，如是如是。如汝所说，甚深般若波罗蜜多行，应如是行，如是行时一切如来皆悉随喜。"尔时世尊说是语已，具寿舍利弗大喜充遍，观自在菩萨摩诃萨亦大欢喜。时彼众会天人阿修罗乾达婆等，闻佛所说皆大欢喜，信受奉行般若波罗蜜多心经。

担当,《如读陶诗》之十一,山水诗文册页,纸本墨笔,27.8×37cm

担当,《如读陶诗》之十一,局部

大本《心经》的正文（正宗分）庶几抄录了玄奘译本。对话的现场和不同的言辞，时而飘散，时而凝聚，犹如一树摇曳而满山动荡，一影随形而众影随形。

对话有三种形式。第一种，是心灵与心灵的对话。此种对话是两种心灵结构的碰触与会通。对话的目的，是要打开情感蕴、生命蕴和语义蕴的通途，以最大的真诚使不同的本现相互映照。第二种，是理性或观念层面上的对话。此等对话不一定需要具体心灵的彼此呼唤或呼应，它只力求在方法论和目的论之间架设桥梁、打通隧道，以使存在的墙壁得以破开、深渊得以泅渡。第三种，是伪对话。概念、观念系统、逻辑结构处于孤立的、自言自语的状态，形成语言表达的无对话模式。简而言之，三种对话即：生命对话——生活与艺术的对话；存在对话——哲学与思想的对话；无对话——学院派死亡学术将语言固体化的"对话"。

包括《心经》《金刚经》在内的佛经的对话属于第一种，或者说是基于第一种对话而对第二种对话的领纳。精神和诗意的对话都是蕴的对话，只有蕴与蕴云卷云舒式地迷离迁流互化，对话才能实现。在对话中，物物相合，心心相许，孤心照彻孤心。我有一首《雷开门》，是在听"音乐佛"约翰·塞巴斯蒂安·巴赫（Johann Sebastian Bach）的《无伴奏大提琴曲》时，对窗外晴空雷鸣、风云聚散的吟诵：

雷开门

菌子出

骄阳艳艳

玉米熟

水到渠

藤在树

草青青

麂子来

山凹不语

菌无主

　　与万物对话，万物即我心中之蕴；与古往今来的人对话，人即我心中之蕴。对话，是将人性、心性、道性、行为诸相转化为蕴。人之内涵，是蕴之相生。人不能直接与人或物对话，只能与转化了的蕴对话。在对话中，抽象的人和物是不存在的。在抽象的人与人、人与物之间，对话没有通途。印度哲人、当代精神导师克里希那穆提有一篇短文，名曰《转化是我们的责任》："若想转化这个世界，就必须从我们自身开始做起，从自身做起指的就是了解自己的动机。我们的动机必须放在了解自己，而不是要求别人改变,或是透过左翼、右翼的革命来稍微修正这个世界。转化是我们的责任,不论我们的世界有多么渺小,只要能转化自己,在日常生活里真的产生顿悟,或许就能影响整个世界,改变人与人的关系。"[1]

对话,本真之义,是自我转化,自我证悟。般若日月,在我心阙。

就佛法而言,证悟是心灵自参为无相真如的一种虚静境界;就文学艺术而言则恰恰相反,达此证悟之虚静迷离境界,则只取物事诸相而风标,不取诸相背后的隐喻而说教。

《心经》的书写对话与证悟结合得天衣无缝。它在生成纯粹直观的对话时,将不得不蕴发的概念和概念的隐喻全部破开,使蕴在破立中穿行无碍。作为动词的"无"(空蕴),就是破冰的无形利器。

所谓"无蕴"之破冰利器,实则是"妙有之蕴"和"妙无之蕴"的相互吸吮。

《维摩诘经》记载,维摩诘问众菩萨,什么是"入不二法门",菩萨们各有说道。比如净解菩萨说:"有为、无为为二,若离一切数,则心如虚空,以清净慧,无所碍者,是为入不二法

---

[1] [印度]克里希那穆提:《生命之书》,第390页。

门。"又比如文殊师利菩萨说:"如我意者,于一切法,无言无说,无示无识,离诸问答,是为入不二法门。"文殊菩萨反问维摩诘,"维摩诘默然无言"。[1]

对话与证悟,有时如鼓钹争鸣;有时如桃和梨,相忘于枝头。

有一次,我坐在一座木屋的门槛上,听见四只陶罐在自我拯救,故以《门口》一阕记之:

> 人去屋空。事物争吵着瓜分空寂。锈迹瓜分一个铁锤
> 门口的四只陶罐,无人认领,还未长出尾巴
> 一只在屋檐外接满了雨水,为逃跑准备好了眼睛
> 另一只在屋檐下,挺着弧形的肚子,假装早春的音箱
> 第三只饥渴,等待长出脚板,去井里舀水
> 第四只扬言,抱着门框浪迹天涯,去寻找烧制它的窑口
> 人去屋空。潮湿的钝,在瓜分一筐凿子

---

[1] 故事引自赖永海、高永旺译注:《维摩诘经》,中华书局,2013年,第140—154页。

五　照见之静美

照见（*Vyaavalokayati*），假设了一个"向下看"的主体，是神居高临下的"看"。

根据比尔·波特考察，"照见"一词在梵文里的确有此语义。他说："*ava-lok*为动词'向下看'之意。此处*vya-*为前缀，表强调，*-yati*为动词第三人称单数后缀，所以，*Vya-avaloka-yati*的字面意思就是'专注地向下看'。这个姿势大概是观自在菩萨的招牌动作。而且，向下看又让人联想起须弥山顶的天神——佛陀升入忉利天为母说法之时，那位摩耶夫人转生的知足天天神也是这个姿势吧。"[1]比尔·波特所言，暗含着观自在即是圣母的猜想，因为佛母去世后，到达了欲界六天的第四层天知足天（又译兜率天，弥勒道场），成为天神。不过，佛法并不以立神为目的，相反，作为"整体"本质之神的塑造，是佛法所最警惕且扬弃的。

---

1 ［美］比尔·波特:《心经解读》，第76页。

佛经中的这一思想至关重要。正是在这一点上，佛法和佛教有了分野。

佛法是人间法。佛法的伟大之处，正在于它是人的佛法，而非神的佛法。佛法的立足点是人的感觉和感知系统，而非知识工具驱使的逻辑概念系统。佛法之所以伟大，恰恰在于它的非本质、非本体之语言框架，甚至是反语言框架的。

因此，照见，不是照见一个对象，而是自我照见。从字面看，即是"观自在"，从蕴的迁流漂移言之，则是"观－自－在"。此照见并非主观对客观的反映，而是主客合一的自在显明——自性开显。或许可解为"观－自－现"。

万物在心灵结构中的显露，即是心灵结构的呈现。这就是说，心灵结构的时空（"观－世－音、观－自－在、观－自－现"），是蕴的时空，是蕴的在－场或暂住。在此，蕴与照见是同构的，蕴即照见，照见即蕴。

般若之显明，亦是蕴和照见之显明。"观自在菩萨，行深般若波罗蜜多时"，智慧渡（度）到彼岸，实际上是蕴（照见）的漂移。

渡（度）即"照见"（蕴）的漂移。

事实上，所谓彼岸者，只是一个假设，并非真的有彼岸可以到达。

彼岸，就在渡（度）的地方，在此岸，在出发点。

窃以为，就"照见"的深意而言，它并非自上而下，也非自下而上，而是原点平视；照见，并非从此-在看出去（看对方），也不是从彼-在看过来（被看）；照见，是自观、自省、自证的看，是在原身的自-渡（度）。

当然，若是从佛教普通信众的角度理解，"照见"就是神的眼光看着、呵护着包括人在内的世间万象。神从来不会以平视的眼光看人，这是因为人塑造的神之高度，无限地高于人。

佛法没有假设神（超人）的光芒去照见人间，将人视为盲目的蝼蚁。佛法是人之法，而非神之法。佛法甚至在警惕佛法作为虚拟主体的过分强大而损害觉者。所以，佛法是在佛法与非佛法之间漂移之法，而非知识或概念体系。

佛法与佛教之不同，亦表现在对"照见"理解的不同。

照见，即到达。你可以说是光-明的到达，亦可以说是视觉感知的到达，更或是诗意的到达。我的《屋宇》组诗中，有一阕《到达》吟诵：

> 我终于到达秋天。我无话可说。
> 现在，梨树决定，要让所有的梨落下了。
> 接着，梨树又决定，让所有的叶子落下。

我等着一个决定,一个回音——

从南方到北方,夏天落幕的轰响。

可是,我只隐约听见,梨花来叫梨,梨在叫梨花。

到达,不是终结,而是蕴的显露(暂住),如"小荷初露尖尖角""山雨欲来风满楼"。到达"远方"容易,到达"自身"极难。因为"远方",是空相之维,没有边界之绵延,可放任神思遨游;而自身是实相之在,形色音声清晰可辨,其本身就可能是执障,不易破壳而出、雨润莲开。佛法之到达,须将实相的此-在之重,化为空相的彼-在之轻,何其难哉。

照见,或是由近以远、由远而近、自我束缚而又自我澄清的生命轮回。到达,永远处在身心轮回的某个点上。自在自明的到达,是身心一枝花。"照见五蕴皆空,度一切苦厄",也可以如是吟诵——"五蕴皆空照见,一切苦厄度我"。

照见是煦光的静美,是无条件的自我化育。

照见之为静美,其实质是对心灵结构的反观。反观即是人向着静美的逆向回归。古今伟人立心、立言、立法、立德,无一不从反观自我的或集体的心灵结构开始,回归人本真存在的静美境界。

反观是回归本真之素相。黄宾虹《国画理论讲义》开篇云:

人之初生，在襁褓中，未能言语，先有啼笑。见灯日光，哑哑以喜，置之暗室，呱呱而泣。晦明既辨，即分黑白。黑白者，色相之本真，其他不过日光之变化，皆伪幻耳。[1]

抵达照见之静美，就是去除伪幻对人的污染。用马丁·海德格尔的概念说，反观是"去蔽"的清洗过程；用埃德蒙德·胡塞尔的话说，就是"回到事物本身"。事物本身之在，即是静美。不著人为之相，不染人为之污，是为真相。

真相在静美开显之时呼之而出——"菩提萨埵，依般若波罗蜜多故，心无挂碍，无挂碍故，无有恐怖，远离颠倒梦想，究竟涅槃。"南宋无门慧开禅师有偈语吟诵：

春有百花秋有月，夏有凉风冬有雪，若无闲事挂心头，便是人间好时节。

---

[1] 卢辅圣编：《黄宾虹艺术随笔》，上海文艺出版社，2012年，第145页。

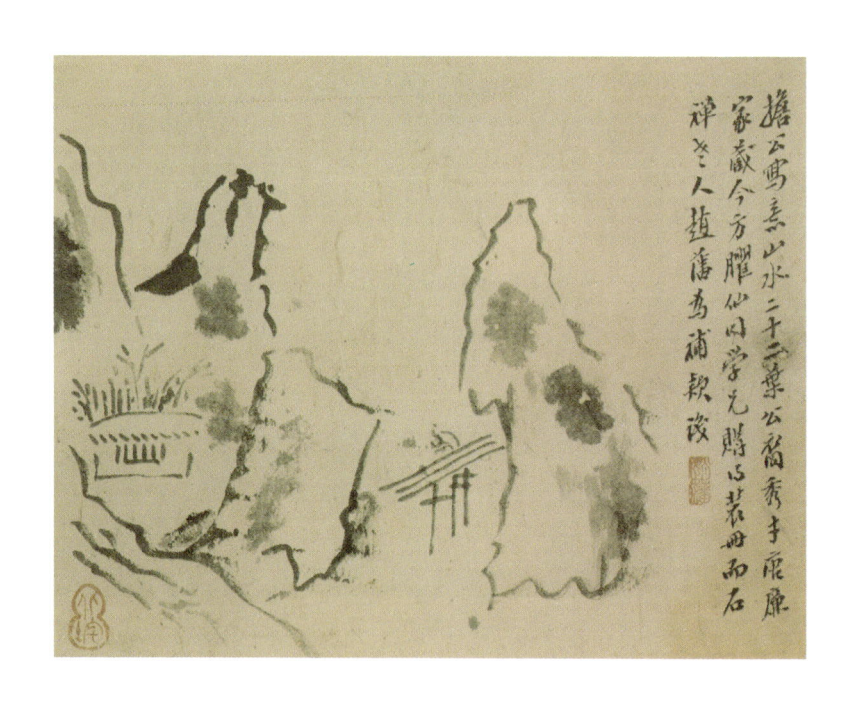

担当,《趣冷人闲册页》之二,纸本墨笔,17.5×22.8cm

担当,《如读陶诗》之十九,山水诗文册页,纸本墨笔,27.8×37cm

六　蕴之语

我的《春光》组诗中有一首《鸡鸣》可喻蕴之语的一阵音声形色风浪:

> 鸡鸣呜呜,饮尽残阳。鸡鸣咕咕,饮尽韶光
> 鸡鸣连着鸡鸣,山峰连着山峰,云雨的千万襁褓挂在空天
> 石头靠着石头,树摩擦着树,山路如绸在风中起伏
> 鸡鸣空空,叫万物做成春色。鸡鸣慌慌,叫人养成心灵
> 鸡鸣崖崖,画着水墨长空。鸡鸣遥遥,与闲愁相约红透

我与鸡鸣之蕴相约对饮乡音,正如与闲愁相约红透桃花。

《说文》:"蕴,积也。"《广雅》:"蕴,聚也。"比尔·波特释"蕴":"或译'阴'、'众',可理解为'聚合'。在佛教教理中,经验世界是由色(外境)、受(感觉)、想(知觉)、行(记忆)、

识（意识）这五类空幻的聚合，也就是'五蕴'的构成。五蕴也是构筑阿毗达磨理论的基础之一。"[1]所谓阿毗达磨理论，是指那种卓异的佛法体系。

佛法，无论是心中的，还是书写的，均源于蕴的凝聚。比尔·波特说："在梵语中，'蕴'字（skandha）的本义是指树干。我有时觉得，佛陀当年说法用到'蕴'字的时候，心里想的也许是印度榕树（Ficus indica）的树干（支柱根）。榕树是极为奇特的树种，它在幼年阶段是附生植物，种子常发端于其他树木的树冠中间。幼苗生成不久，便发育出气生根垂直向地面发展，有的气生根入土后就长成树干一般的支柱根，有些则会缠绕在它的宿主身上，越勒越紧，最后将宿主植物绞杀而死。长大的榕树会不断发展出新的气生根，气生根入土又不断生成新的支柱根，就这样，在百年左右的光阴里，一棵榕树就长成了一片树林，再也分不清哪根是最早的支柱根。"[2]比尔·波特猜测佛陀"五蕴说"的缘起可能受到印度榕树的启发，尽管这个想象难以考证，但榕树"独木成林"、从空中向四周繁衍的生长方式，则恰好可喻"蕴"无论作为法，还是作为概念内涵的漂移迁流的形态。

1　［美］比尔·波特：《心经解读》，第256页。
2　同上书，第77页。

担当,《趣冷人闲册页》之三,纸本墨笔,17.5×22.8cm

蕴，一般可释为"名"，是个名词或曰概念。但我以为，蕴应该作为动词解。蕴，是个不得不用之名，其真义是非名的。非名而名之，是语言不可为而为之的法门。

作为动词的蕴，是"佛法即非佛法"（《金刚经》），是漂移幻化的佛法，是鲜活的心灵结构的行动自显；文本的佛法理论，是佛法的终结，而非佛法。

佛法借语言漂移迁流，而终于语言。

佛法是语言之蕴，蕴是语言之花。

鲜活的佛法、欢喜且温暖的佛法，是蕴在心灵结构中一次次地被激活，一次次地风春万物般地漂移迁流。因此，蕴不是一个内涵和外延稳定的概念，而是一个漂移着创造内涵的幻相；它既非空相，亦非实相——一种可以感觉、感知的虚妄。

蕴处于生成、暂住、寂灭、生成……的永恒幻化之中。蕴，既可以是极少，也可以是众多；既可以是阴的深阔，也可以是阳的能量，或阴阳的缠绕与旋转，犹如陈抟老祖画的太极双鱼宇宙；既是存在之符码内涵，也是存在之诗意形式，还是存在凝聚的中心或边界。

蕴，是无相之相，是万相之"一"，或"一"之万相。

熊十力云："案世间计执有所谓我，有所谓宇宙。佛氏便将所谓我与宇宙，加以解析，只是色受等法，互相积聚而已。本无实我，亦无实宇宙，如剥蕉叶，一一剥落，便不见有实物故。"[1]

蕴，如雁阵横过长空，在天留下空，在心留下影子。蕴是被看之"雁阵"，亦是雁之"看"，是孤雁啜饮苍茫，亦是雁阵横空涂鸦。

蕴，如树与果子的自显。以人观之，树与果子不知其自显。我的《屋宇》组诗中有一阕《梨树和梨》吟诵：

> 听说，在天边外。秋深，晨开，夜风在山谷结出卵石。
> 罗伯特·弗罗斯特的梯子，伸进梨树，高于梨叶。
> 弗罗斯特不在，只有鞍在。我不在，只有箩筐在。
> 梨问另一个梨——所有的梨，都在问梨。
> 为什么，梨核都是酸的，古往今来的酸。
> 有一个梨说，这不是梨的决定。是梨树。
> 梨树突然颤抖。一棵树说，也许是春天的白花。
> 另一棵树说，也许是风绿，雨湿，光阴。
> 还有一棵树说，难道是那把长梯，那些木凳。
> 日过中午，不闻梨喧。日落山梁，不见梨黄。

---

[1] 熊十力：《佛家名相通释》，上海书店出版社，2007年，第21页。

梨树和梨，是一则寓言之诗。"梨树"作为蕴，"梨"亦作为蕴，在滋生出许多蕴，诗意在蕴的滋生时刻生成。那些蕴，都在"梨树"和"梨"这两个母蕴中润出，而蕴也润出梨树和梨。蕴纷纷润出，然后又消失。我随其滋生，亦随其消遁。

蕴在漂移，故人亦在漂移。语言生成蕴，蕴生成语言；语言即蕴，蕴即语言；蕴生成世界，世界生成蕴。蕴将世界化成语言和符码。

言至于此，突然觉得"蕴"虽可释，却无意义可确言之。又或因无意义而释之，以为欢喜故也。谨录古德偈语[1]几则咏颂：

其一：
动静理全是，行藏事尽非。冥冥随物去，杳杳不知归。

其二：
方听无生曲，始闻不死歌。今知当体是，返恨自蹉跎。

其三：
念念照常理，心心摄幻尘。偏观诸法性，无假亦无真。

---

[1] 所引五则古时高僧大德的偈语引自明旸法师：《佛法概要》，上海古籍出版社，1998年，第322—323页。

其四：
四住虽先脱，六尘未尽空。眼中犹有翳，空里见花红。
其五：
豁尔心开悟，湛然一切通。穷源犹未尽，尚见月朦胧。

蕴之语，千万偈；蕴之语，穿越古往心阙，来救我吧。
蕴是救我之舟筏，度我之光明。来救我吧。

七　空蕴如风

在《金刚经·法身非相分第二十六》中，佛陀有一偈语云：

　　若以色见我，以音声求我，
　　是人行邪道，不能见如来。

空，梵语 *sbunyata*，是指心灵结构中那个虚幻的本质，那个觉悟后的虚妄。这个本质即是空蕴。

佛陀以空蕴而行佛法。

从西方传统主流哲学的视点看，佛法（佛学或佛哲学，非佛教），是一种反哲学。

佛哲学的伟大之处，在于自我建构，又自我取消；自我趋前，又自我后退；自我划定界限，又抹平界限。佛哲学是诗意的舞蹈，是行动的哲学，或者说是非哲学之哲学的行动。

反哲学的核心是反概念，反教条的，反僵死的蕴。

语言漂移说的精髓，在于使心灵凝聚的蕴漂移起来。

概念是行动哲学或曰动词哲学的死亡尸首。但反哲学也不得不使用概念，犹如佛法也要使用一些概念来作为蕴的凝聚。

蕴在其自我开显、自我漂移时，也是一个概念或无限多的概念幻化的在-场。蕴作为概念，是漂移着的到达之暂住，或漂移的起点之暂住。

在语言漂移说中，蕴是一个动词，所有的概念都是动词。

阿兰·巴迪欧（又译巴丢）在其《哲学宣言》中写道："通过概念操作，哲学勾勒出其前提，一般来说，这些操作在一个或几个前提的范式之下来思考其时代。一个接近于其事件位点，面对其持存（Persistance）的困境的类性程序，是诸前提的真理共存可能性展开的主要参照系。"[1] 以佛法而明之，语言的"类程序"裹挟着许多蕴行走、奔跑或飞翔。

空，是不得不使用的一个概念位点。位点，可能是一个暂住的动词名相，也可能是一种突如其来的语言推动力。

佛法中的所有概念，都是蕴。空亦是一个蕴，是一个非事件的、语言事件的位点。

---

[1] ［法］阿兰·巴迪欧：《哲学宣言》，蓝江译，南京大学出版社，2014年，第18—19页。

在我看来，佛法作为动词哲学，所有概念都在动词的形态下使用或被使用。

动词哲学没有主词，也没有宾词，只有谓词。也就是说，一个句子或一个命题，是一个谓词链，谓词链中的所有词汇，包括概念，都处于漂移状态。

一个谓词，或一个谓词链，都是心灵结构漂移的路径。从这个意义上讲，不仅"空"这个概念是一个漂移的路径，即便是观自在菩萨、舍利子、三世诸佛等，都是谓词漂移的路径。

"观自在菩萨，行深般若波罗蜜多时"，即是蕴在其路径上的漂移迁流。

然而，空，不仅是一个路径，它是无数种路径、无数种蕴。比如在这里，空，可能蕴含了佛陀的视角和声音："舍利子！我告诉你，色不异空，空不异色……"当然，这个声音也可能是观自在菩萨或其他菩萨的声音，也可能是舍利子或其他佛陀弟子的声音或三世诸佛的声音。

空，作为蕴，裹挟着无数声音、形象、形式、节奏或各种内涵行走。

"空"的每一次路径开掘，都是空之为空的界限划定，当然，也是界限的破开、突围。比如，"五蕴皆空"之"空"的概念一旦凝聚起来，作为蕴的"空"就注入五个蕴的内涵，使"空"变得越来越清晰。

"空"只有作为一个漂移迁流着的蕴才是清晰的。

这里有个问题,"空"本身是大于各种"蕴"和"法"的东西吗?从某种思维逻辑上看,空似乎是个很大的箩筐,可以装很多蕴。不过"空"作为大于蕴的概念,其实只是个假设。

事实上,"空"这个大概念是贴着各种"蕴"的概念内涵漂移的,它其实还是"蕴"的概念。换句话说,"空"在概念的内涵和外延上,是与蕴同构的。所以说"色不异空,空不异色"。"空"与"色"没有什么差异,是同构的蕴分开来言说。其他蕴,也和色蕴一样,与空同构。

蕴在"空"蕴中漂移。"空"蕴与所有蕴摩擦着漂移迁流。

"空"是空相,物事是实相。空相和实相,相生相成,不过是两个"名"而已。空相、实相以及相生相成之无限多的过程,都是蕴的漂移迁流。

"空"既是蕴,也是蕴之母,是蕴与蕴滋生的推动力。这个所谓的推动力,其实是在自我推动、自我显露。与此同时,蕴之生成也在化解推动力。

"空"是一种语言生成心灵的机缘和力量。在这种机缘和力量的推动下,相不断地生成相,生成心灵世界和语言世界两个世界的范畴。

相之变化、显现，在蕴聚散的过程中。是故，相没有一个稳定存在的自性。

相本身的变化不存在真假，因为相之变化，无非心相和语相的变化。

不过心相和语相生成法，"法"的变化，是假相之名的变化。

我们讲的法，就是理。理是道路，是统摄。理，是人为的理，而非诸相本身存在的理。比如一朵花的红色，是人赋予的，狗并不这么看。狗是看不到颜色的。当然这种色彩的感悟能力是偶然形成的，或者说是"神"赋予的先验特质。

我们是假一个不存在之名，来讲一个存在的东西；或者假一个存在之名，来说一个不存在的东西。比如我们假"上帝"之名，来说一个不存在的东西。

比如玫瑰，既不存在红玫瑰的红，也不存在红的隐喻，更不存在红玫瑰作为一个词所负载的隐喻和观念。中国古代诗意中没有"红玫瑰"这个隐喻。但随着时代的变迁，事物存在的样式、观念、意识发生了变化。

法是空相。

相非空相，亦非实相。

相是相的转换、聚散。"语言漂移说"这个看法，是对佛经解释的一个飞跃。

万法都是在聚散中形成法；万相都是在聚散中形成相。

你要抓住各种相、各种蕴，你的心灵才有一个支撑，这是人的宿命。

但事实上，你的心灵以某种相或蕴来支撑的时候，那心灵结构也就处于一种执障的状态。

所有文明、文化或习惯性的东西，都会形成某一种执障、观念或表达方式，创造表达上的某种模型、某种块状结构，像铺路一样铺在我们的心灵中形成心灵结构。

我们的心灵，是一个诸蕴机缘变幻的场域。

如果心灵结构不是一个"空"的场域，那就意味着有先天设置了某种存在，而实际上，先天并没有设置文化、观念这种东西在我们的心灵结构中。

文化、观念，在个人心中只是一种习惯、一种相信，只是语言表达的某个系统，是我们后天通过观察学习领悟的一堆语汇。然后，它变成了我们看待世界的方式。当然，这并不是个人自己的方式，而是文化、观念注入集体心灵、个人心灵的方式。借此，人反过来看这个世界，形成人性的重重执障，形成对世界虚构的一堆堆幻相。

任何一个观念的文化系统和结构，哪怕言说多么漂亮，色彩多么鲜艳，让人多么享受表达的幸福和欣喜，都是心灵中种种执

担当，《趣冷人闲册页》之四，纸本墨笔，17.5×22.8cm

障的舞蹈，而非一个人的本真存在。

心灵结构中的存在是偶然之花。

存在之执，是心灵无端的创伤。

"空"，在疗救心灵结构中"法"的创伤。我的《屋宇》中有一阕《莲花与犁铧》：

> 金沙江的莲花，玉龙雪的犁铧。
> 洞穴里的光，是它们的主人。
> 它们从来没有照面，只在彼此的位置等候引领。
> 年复一年，它们的爱从一朵花传到另一朵花。
> 从虎跳峡翻上云杉坪。
> 沿着藤子，从森林里出来。写出东巴文字。
> 丽江水。昆明月。一间书房的亮。
> 照见一只木凳，一杯清茶，一盆灰。

莲花与犁铧两种事物从来不会相遇，但语言使它们相遇。这说明，莲花、犁铧、语言都是空，空是蕴（相）漂移的驱动力。此时此刻，"空"与"诗-意"同构。唯有诗-意的漂移迁流激活了万象之空。

空是蕴的路径，蕴是空的证明。

蕴是飞鸟，亦是对飞鸟的涂鸦。

在蕴漂移时，万象化为飞鸟。

涂鸦之飞鸟不识飞鸟。

而在空蕴中，真实之飞鸟与涂鸦之飞鸟合二为一。这是心灵、事物和语言在对话瞬间的决定，在虚妄中的相信。

纯真的自由者是一个空蕴、一个无牵无挂的蕴。他犹如作为一个蕴的种子，在潮湿的地里破壳而出，向着空凝聚风华。

空蕴如风。风过冈。我在风中过冈。

我是流年的往事，是往事在涅槃之前燃烧的火苗。

空蕴如心，我悲心，在万相无端聚散之时。

空蕴如风，我悲风，在风起空洞、悲欣交集之时。

八　语言的转经筒

我的《中甸》组诗中,有一首诗,名为《转经筒》:

转吧,黄铜,车载斗量的风声
直立的轴,是旋转唯一的把柄
念吧,肉身的原罪,贪婪的小驴
为了舌头深藏之苦,创作言语
念吧,花开的疑问,结果的救赎
为了犁头和耙齿,朝向大地的牵引

转经筒是一个蕴,它在转动;转经筒是一种语言,它在转动;转经筒是一颗心,它在转动;转经筒是转经筒自身,它在转动;转经筒是空,它在转动;转经筒是空相和实相的和声,它在转动;"我"是转经筒,它在转动;转经筒是佛法的凝聚,它在转动;转经筒是佛法的解套,它在转动。转经筒转动在蕴的有无之间，转动在空-虚和妙有之间。

说到底，转经筒的转动是念念不绝、念念空朗的语言之蕴的转动。

语言的漂移，铺陈表达之美。一咏三叹的节奏连环，不仅是为了表达意义、意思或思想，更是为了表达的自由。自由本身就是一种觉悟，是般若绽放的路径。

在艺术中，表达的意义之维并不重要，重要的是言辞"位点"的准确显明、一种掷地有声的自由显现，如空谷幽兰的形色馨香无端出世。

普通作家才把意义作为表达的目标，换句话说，普通作家和读者是在消费意义。把意义作为表达的目标是利用语言，而不顾语言自身之蕴漂移的玄妙。

世人以为意义之真，即真理之真或知识之真。但事实上，在形而上学或诗学表达系统中，真理只是个假设，是表达的"类性程序"范畴，是一系列蕴在表达"位点"上的暂住或曰凝聚。

阿兰·巴迪欧在《哲学宣言》中指出："哲学特殊的角色是，提出一个统一的概念空间，在这个空间中，**发生**对事件的命名，而对事件的命名是真理程序的起点。哲学试图**将所有的额外名称共聚起来**。在思想之中，哲学所面对的是作为其前提的诸真理程序的共存可能（compossible）的本质。哲学并不建立任何真理，而是圈定真理的范阈（un lieu）。哲学勾画出类性程序，通过热情接纳，并加以庇护，从而指向这些截然不同的真理程序。通过将作为哲学前提的诸程序状态置于共存之中，哲学试图去思考其时代。无论如何，哲学的操作，往往旨在'放在一起'来思考，在一个独一无二的思想实践中，勾画出数元（mathème）、诗、政治创造和爱［或者大二（Deux）的事件状态］在时代中的布局（disposition）。在这个意义上，哲学唯一的问题实际上就是真理的问题。并不是说哲学产生了许多真理，而是因为其提供了一种让我们接近诸多真理在一个时代中的统一体，提供了一个概念的位点，在其中，诸真理程序被认为是可能共存的。"[1]

语言的凝聚和散开，即是某种表达的自由或表达中对表达程序"位点"的确认和破解。

所谓位点，即是暂住的节点，是一咏三叹的生命韵脚，也是语义抵达之处的标识。

韵的迁流，即是蕴的迁流。迁流是生命气息在语言之波峰浪谷的涌动与奔突，有时裹挟着语义的襁褓，有时自身作为空相在云施雨霁的幻化中自我裹挟。

蕴的生成和迁流，是无目的的裹挟，不知蕴之所起，亦不知

---

[1] ［法］阿兰·巴迪欧：《哲学宣言》，第16—17页。

蕴之所终。正如东坡所言:"大略如行云流水,初无定质,但常行于所当行,常止于所不可不止,文理自然,姿态横生。"(《答谢名师书》)

"观自在菩萨,行深般若波罗蜜多时,照见五蕴皆空,度一切苦厄。"《心经》开篇,既是"额外名称的共聚",也是对"真理范阈"的圈定。各种不同的蕴,形成了一种表达程序中概念、状态可能共存的局面。同时,蕴的迁流程序开始启动。仿佛时空初次生成,意义初次凝结,真理在裂缝中初次展露银芽、骨朵,是时也,色蕴刚刚染成了事物形貌。

接下来,《心经》的作者要解释一下色蕴。如果只是为了表达意义(语义、思想),"色不异空"已经讲得非常清楚,但色和空之蕴作为谓词,不能不在迁流、漂移中显现自身。就像音乐该唱四拍,却只唱了二拍或三拍,必然气息不畅。气息要流到哪里,是一种生命节奏的渴望和流溢。

所以,"色不异空"虽然意思已经讲清楚了,但为了气息(蕴)的迁流,还是又把"空"调到前面,咏出"空不异色"。前之蕴凝重,后之蕴轻扬。此为气息顿挫之轻重也。轻重之蕴反复调换,气息就得以平衡,咏叹就变得舒服(过瘾)。仿佛鼓点,点点震颤,震掉敷在寂寞上的灰尘,步着空色而去。

当然,在《心经》中,咏叹到"色不异空,空不异色",气

担当,《趣冷人闲册页》之九,纸本墨笔,17.5×22.8cm

息（蕴）的迁流还不够，还要咏出"色即是空，空即是色"。到这里，呼吸才算暂且休止。因为一种坚定的信念可以停顿，一种寂寞的捆绑已经解开。

不断地呼唤，却是有节制地铺陈。"五蕴皆空"，只需讲色空或空色，免得又陷入铺陈啰唆之重。色蕴单独拿出来讲了之后，其他四蕴一笔带过："受想行识，亦复如是。"多美而精妙的语言啊！多么节制的文辞！

接下来的铺陈方式，亦然也："是故空中无色，无受想行识，无眼耳鼻舌身意，无色声香味触法，无眼界，乃至无意识界。无无明，亦无无明尽，乃至无老死，亦无老死尽。"此种生命气息的吐纳，即是蕴的吐纳、文辞的吐纳，是为千古绝唱之美的流溢。

语言的转经筒不停地旋转，旋转着实相在语言中命名的空相。

语言的转经筒不停地旋转，旋转的每一个位点，都是法蕴漂移迁流的起点和终点。

语言的转经筒旋转之时，破开了所有执障，洞开了虚妄空明。

生命之蕴的破执何其难也。在我的《春水》组诗中，我以《苍鹄》之声为喻。我，李森，我的名字叫"苍鹄"，我的心是"雷"：

苍鹄在天，叫山下的一辆马车，春可听见
苍鹄在野，叫水上的一座木桥，春可听见
苍鹄在叫苍鹄，两只苍鹄在两个雨帘的笼子里
雷在叫雷，两个雷在命运的前后，撞同一座石壁

九　诸法空相如花

呼唤者呼唤，呼唤呼唤者。呼唤，是存在者从虚妄中出来，像剑从玄铁中出来显现锃亮之光；是心执者破壁而飞抵达虚妄之美，像我化作一支犁铧插在春水之滨。

且听我的《春水》谣曲之一阕《一支犁》：

春水岸，一支犁在反刍，一束光在磨石

一支犁，惊呆下田的耕牛，一束光驮着土豆蜗行

春水岸，一根扁担在散步，一对箩筐在梦游

春之殇，雄鸡孤单地静默，锈成一堆赤铁

春水岸，诸法空相如花——诸相空法如花。

"舍利子，是诸法空相。"这是人的呼唤，也是佛的呼唤。

这里的佛，是过去佛（燃灯佛）、现在佛（释迦牟尼佛）、未来佛（弥勒佛）和所有佛，是人人佛以及佛之人人。

我在心中呼唤佛陀："世尊，是诸相空法；是法相皆空；是诗意空法。"

我反复呼唤佛陀："世尊，诸法空相如花——诸相空法如花。"

佛是相，亦是蕴和法，是空的迁流或漂移。

佛法空幻如花，花影流连往复；世间诸法，亦空幻如花，亦如花影流连往复。

我的佛，是诗意佛，而非佛法之佛。

佛法的逻辑框架中无佛。

因此，"诸法空相"，即包括佛在内的所有蕴都是空相。这是多么伟大的思－想截断啊！是多么纯粹、澄澈的心灵，才能蕴育出这种空朗万念、无牵无挂的思－想啊！在心灵结构中，一切都照见无遗。

诗意的漂移迁流，使"空相"变成了一个谓词"空－相"。

空－相并非无相，它漂移化生为心识中的"妙有"。

在写出了"舍利子，是诸法空相"之后，《心经》作者接着铺陈，要对"诸法空相"进行阐释，也就是要对"空相"这个不得不使用的概念（蕴）注入内涵，他不说"诸法空相"是什么，而是说"不生不灭，不垢不净，不增不减……"这种"注入"内涵的方式，实际上就是"蕴凝聚"的路径，即蕴的漂移之痕。因为阐释无效，也无意义可言，所以用"蕴"的漂移迁流来充盈。

在语言无法抵达之处，唯有蕴作为各种形态谓词的语义漂移是可靠的，因此，所谓"诸法空相"，亦是漂移着生成各种蕴的空-相。

先师屈原写不出"思念"（湘夫人思念湘君）的概念，就只能用语言中的事物（空相）来表达他的无限伤怀：

> 帝子降兮北渚，目眇眇兮愁予。
> 嫋嫋兮秋风，洞庭波兮木叶下。
> 登白薠兮骋望，与佳期兮夕张。
> 鸟何萃兮苹中，罾何为兮木上。
> 沅有芷兮澧有兰，思公子兮未敢言。
> 荒忽兮远望，观流水兮潺湲。

情与物，两相随。蕴与心，两相顾。

伤怀之美是一种佛音，它是人心借助事物而自度。

所谓空相，是学理，亦是心灵的参悟之境，来自"缘起性空"与"性空缘起"。此为佛哲学思-想的出发点。

"缘起"与"性空"互为谓词。赖永海先生说："《般若经》的核心思想是'空'。但佛教所说的'空'，亦即认为，世间的万事万物,都是条件('缘'即'条件')的产物,都会随着条件的变化而变化。条件具备了,它就产生了('缘起');条件不复存在了,它就消亡了('缘灭')。世间的一切事物,都不是一成不变的,而是一个念念不住的过程,因此都是没有自性的,无自性故'空'。《金刚经》和《心经》作为《般若经》的浓缩本,'缘起性空'同样是其核心思想,但二者又进一步从'对外扫相'和'对内破执'两个角度去讲'空'。《金刚经》的'对外扫相'思想集中体现在'一切有为法,如梦幻泡影,如露亦如电,应作如是观'这个偈语上,对内破执则有'应无所住而生其心'这一点睛之笔。《心经》则是以'色不异空,空不异色;色即是空,空即是色;受想行识,亦复如是'来对外破五蕴身,以'心无挂碍'来破心执。两部经典都从扫外相、破心著的角度去说'空'。"[1]

"缘起"和"性空"皆为法,因此,均为漂移着的谓词空相,是所谓"诸法空相"。但又说"不生不灭,不垢不净,不增不减",那么,是否有一种法是恒定不变的呢?也就是说,是否有一种共相的存在,犹如柏拉图讲的理念,或者新柏拉图主义者

---

[1] 赖永海:《佛教十三经》总序,具体见《金刚经·心经》,中华书局,2010年,第3页。

担当,《趣冷人闲册页》之十四,纸本墨笔,17.5×22.8cm

普罗蒂诺讲的"一"(The one),即不受所有殊相存在(具体之蕴)干扰或影响的那种普遍性?换句话说,"空"或"空相"是否有一个本质呢?这是佛哲学要应对的一个难题,也是《心经》的作者要应对的难题。因此,"诸法空相"包含着一层很深的意思。但这一层意思,是不能说的,就像维特根斯坦在《逻辑哲学论》中洞见的那个只能"保持沉默"的语言不能抵达的深渊(语义黑洞)。

面对那个语言不能抵达的语义黑洞、那个本质主义者永远要探究的禁区,《心经》的作者用一系列的"无"来抹平、挽救。即是说,他先承认蕴的存在,但又将蕴、法、缘都放弃了,也就是对蕴、法、缘这些凝聚路径的放弃。

在凝聚与放弃的时刻,空相作为动词如雁阵款款而飞,飞过空、留下空、抹平空。

然而,空相作为蕴,又是心灵结构漂移的具体节点,也是形-象存在的一种逻辑。凝聚和放弃,均是必然之宿命。

是说也,"共相"是不能攀登或飞越的高墙,也是无底的深渊。《心经》中"空相"的漂移,不仅仅放弃共相,也放弃了殊相,还放弃了形成心灵结构的各种"缘"。这是对"心执"的彻底破解:"是故空中无色,无受想行识,无眼耳鼻舌身意,无色声香味触法,无眼界,乃至无意识界。无无明,亦无无明尽,乃至无老死,亦无老死尽。无苦集灭道,无智亦无得,以无所得故。"五蕴是"无",六根是"无",六尘是"无",十八界是"无",四谛也是"无",全部都是"无"。什么都得不到就是原因,一切都是枉然故为真相。

但是,"诸法空相"的思-想,并非悲观主义的。在我看来,这种思-想,是一种欢喜的非本质主义,是最高层次的反哲学。

反哲学,是反逻辑法相,反语言执障。反哲学需在"创造的诗意"中漂移,才能获得欢喜心。

不过,必须指出,一般的诗意概念和内涵,也是执障。因之,诗意需在语言漂移中创造、再创造。其实,诗意本无诗意,诗-意之真,无非是蕴在心灵结构中的"又一次"初生或确证。我的《橘在野》组诗中,有一阕《橘在野》吟诵:

  日出东南

  橘在野

  黄在橘

  阳在橘

  阴在橘

  橘在橘旁

  橘在屋宇

日落西方

橘在野

日落橘

苍茫在橘

月在屋檐

夜无橘

伟大的诗-意自身在奔向诗-意的途中消解为无。空和无，是到达澄明之境的两条道路。"诸法空相"，是对有部（说一切有部）思想的批判。

有部是佛陀灭度三百年后，原始佛教上座部分出来的一支。有部的核心思想是"法体恒有"。我以为有部思想，是佛学中的学院派思想，是逻辑本质主义。有部思想相信佛法为"真"，从根本上说，是相信语言可以获得事实与观念之"真"。

有部思想与佛陀的思想是不一样的，有部的"法体恒有"不是妙有。《心经》和《金刚经》是伟大的非学院派佛学经典。

《心经》和《金刚经》对有部思想之批判的主要观点，是认为"法"亦是挂碍或执障，必须破除。此所谓之"破"，并非为了"立"。正如《金刚经》所说："一切有为法，如梦幻泡影，如露亦如电，应作如是观。"当然，"诸法空相"，并非说一无所有，而是说没有恒定不移的法。法作为蕴，是漂移着的；不得不凝聚蕴（概念），但又不得不破除蕴。

妙有在破立之间滋生。不断创造着的诗意之蕴是妙有；空相滋生实相，与此同时，实相滋生空相，是妙有。

所谓妙有，即蕴的漂移和暂住。

我说："诸法空相如花。空相如花影流连往复，在显露与寂灭之间滋生。"

我又说："诸相空法如花。花从影，影从花；花千姿，影千重。"

十　如是我说

此时,先要吟诵李义山的《锦瑟》:

锦瑟无端五十弦,一弦一柱思华年。
庄生晓梦迷蝴蝶,望帝春心托杜鹃。
沧海月明珠有泪,蓝田日暖玉生烟。
此情可待成追忆,只是当时已惘然。

如是我说,《心经》如琴曲千万阕,阕阕芝标天下。

接着,再说古往今来,那些才情高蹈的人士,他们不得不言说。言说即人。人即是语言或言语。言说,在语言的海枯石烂处丛生。

不得不言说,是不可为而为之的苦蕴。

言说,或许是般若心的一种修行;或许是自我绑缚。

最高级的般若心修行,是通过言说,将心灵结构的苦蕴化为欢喜。这是佛哲学作为"反哲学"与西方当代反哲学的不同之处。

欢喜,首先是向着自我的慈悲。

佛法,是惺惺相惜、心心相许的欢喜法。

此即是说,最高级的言说,是心灵的契阔相邀。《心经》之言说、之吟诵然也。

佛法作为一种反哲学,其高妙之处,在于拯救心灵,以欢喜心使心灵结构之重得以解脱:"菩提萨埵,依般若波罗蜜多故,心无挂碍,无挂碍故,无有恐怖,远离颠倒梦想,究竟涅槃。"般若之法,在打通心灵结构通道的时刻,又放弃作为蕴漂移的种种通道,即不得不使用语言,但又认为使用语言是毫无意义的。

佛法的欢喜,是精神位点上最高级的欢喜。这种欢喜不受任何价值观的意义干扰。

欢喜在语言或言语的漂移中欢喜。欢喜是"一场空";欢喜是一枝花。

语言或言语之所以能够漂移起来,恰恰说明它是一种空相。我们说一株空谷幽兰,我们无须看见它;我们说一个顽石,也无须将其搬来。

空,是语言、事实和心灵合起来编织的箩筐。

箩筐也是个比喻,是一个蕴,因为无需箩筐的实物,它就成了一个箩筐。箩筐是空相，是满载欢喜的欢喜空。

蕴作为空相幻化的漂移，它不得不裹挟某种内涵，又无法确定内涵之为真，这其实也是一种恐怖。但对真之蕴的追求，又是蕴作为心灵结构确立内涵而漂移的一种动力。人活着不能没有这种生命力的滋养。

比如"爱"，也是一种生命动力，对"爱"之为真的追求，就是生命存在的主要动力之一。心灵结构中如果没有这种"爱之真"的动力，人就陷入一种存在的恐怖中。因此，"不得不说"而说亦枉然，成为生命之蕴存在的宿命，也是语言的宿命。

生命就其感觉或感知其存在而言，也是一种蕴；生命在世间恍兮惚兮地漂移、轮转。

生命作为空蕴，最渴望实在之物、真实之物的填充。这种渴望，本身是源于恐惧的。

《心经》的作者，也要面对难以把握存在之真的恐惧，因此，他不断地在说服自己，不断地在肯定般若法的神力以自救："故知般若波罗蜜多，是大神咒，是大明咒，是无上咒，是无等等咒，能除一切苦，真实不虚。"与其说"真实不虚"是对真实的"明-确"，不如说是对真实的"相信"。说服自己"相信"，然后将虚无的恐惧，转化为"空的欢喜"。

觉悟的人生，其实也只是"一场空"的欢喜；觉悟的思-想，是"一场空"的欢喜思。

欢喜于空,欢喜为空,欢喜空空。此等欢喜,可谓之本在欢喜。

欢喜的诗-意,是语言的漂移迁流。

在《心经》中,"不得不说"使语言的表达处于形而上与形而下,即"形而中"的破立之间。好文章的写法,蕴(包括思-想)的生成,都在破立之间。既不在破中,也不在立中。破是解构,立是建构。在破立之间,在上下之间,在对空相的假设(或者说对道的假设、对理念的假设)与对实相的观照之间。

欢喜,是汩汩泉涌的才情。

在不得不说的尴尬时刻,妙有才能显现。

在精神的自觉领悟时刻,言说是没有意义的。然而,只有言说可以化解沉默之重。当然,沉默,是言说的逆向表达。作为表达的沉默和作为非表达的沉默,是不一样的。

"形而上者谓之道,形而下者谓之器。"道是共相,器是殊相。言说既可以**假设**一个"不生不灭,不垢不净、不增不减"的共相,也可以钟情、专注于一个具体的殊相,或者说实相、物事。

语言对共相只能**假设**,而对殊相则可以描述。这是语言的决定。

所谓**假设**，意味着其来源既没有根源，也没有实体。

假设之作为言说的出发点，泄露了语言和世界关系的天机。

假设者可谓天才。然而，在此问题上，天才比普通人更加愚蠢地步入了语言和世界关系的雷区。

天才往往利用语言将自己绑缚在一根子虚乌有的立柱上，而自认为自己真实地"在世界中"。

天才是一种特殊的思维活动。天才总是通过假设，使心灵结构中的诸相产生位移。

天才，是发现心灵结构中某种聚集之蕴的才能。

天才的内涵，是蕴漂移迁流过程中显现为语言的内涵。天才作为一种洞明的蕴，可能是诸相的显现，可能是一连串的咒语。

咒语，只需要念诵，不需要内涵。咒语是某种最原初、最迷移的言说方式。

咒语不是呈现思想，而是消解思想。咒语是思－想。

路德维希·维特根斯坦说：

> 天才并不比其他任何正直的人具有更多的光芒，——但他有一个把光芒聚集到燃点之上的特殊透镜。

> 为什么心灵被空洞的思想所推动？——思想毕竟是空洞

的。唔，心灵的确被思想推动了。

（风只不过是空气，它怎么能推动树呢？唔，风的确推动了树，不要忘记这一点。）[1]

语言不是风，但风可以比喻语言。

语言的诗-意言说是比喻，它裹挟着隐喻飘摇如浪，静默如花。

在语言和心灵结构中，没有"不生不灭，不垢不净、不增不减"那个共相。《心经》中的这个命题与缘起性空说是矛盾的。那是泰勒斯和柏拉图的命题，而不是佛陀的命题。以佛陀空蕴的漂移"本体"而言之，这一句是《心经》作者书写的瑕疵。因为这一句意味着在佛法的逻辑系统背后，有一个作为"总体性"的人格神（佛，上帝）的本质存在，而就我们对佛陀的思-想了解而言，他是反对这个人格神（总体性、普遍本质）的存在的。

不过，作为宗教的佛教，信众需要作为神的佛陀这个"共相"。或许，《心经》的作者在此埋下了一个伏笔，就像设置于棋盘上的一个古老的残局。

---

1 ［奥］路德维希·维特根斯坦：《文化与价值》，涂纪亮译，北京大学出版社，2012年，第53页。

担当,《趣冷人闲册页》之十八,纸本墨笔,17.5×22.8cm

在人与神之间，的确有一把悬梯。佛陀不需要这把悬梯，而世人需要这把悬梯。

简洁地说，佛法是殊相（具象）的言说系统，而佛教是共相（普遍性）的言说系统。

佛法是人的觉悟之法，是人自我拯救的一种途径；佛教是神对人的统摄，是人对神的皈依——多数人是索取。

在漂移说的精神结构中，语言在共相与殊相之间穿越，裹挟着"空"和"有"，不断地生成"空"和"有"。

当言说面对无以言说的尴尬时，就只能以咒语的念诵去舒展节奏，使语义的漂移转化为"听"的旋律："故说般若波罗蜜多咒，即说咒曰：揭谛揭谛，波罗揭谛，波罗僧揭谛，菩提萨婆诃。"

咒语如星辉璀璨。去吧，去吧，去觉悟，去修行以得正果。

其实，"去"是无意义的。因为除了激活心灵结构中蕴之漂移，便无"去处"。没有"去"之远方，蕴之漂移已在远方。

我的《中旬》组诗中有一阕谓之《藏身》：

　　藏身在一首诗中，是我最后的结局
　　藏身于春光银芽的盛宴，是我凋谢的证明
　　春儿啊，那朵百合，不认识空天的蓝

在大地,一万朵百合浮动的夜,只升起一弯月牙
在远方,百合如银鼠的耳朵攒动,正在穿过白霜的风箱
春儿呀,那一年的百合粉红的锈呢,那些花苞里的顶
　　针呢

十一　五蕴存在的姿容

五蕴又作五阴、五众、五聚，即色（*rupa*）、受（*vedana*）、想（*sanjna*）、行（*sanskara*）、识（*vijnana*）。五蕴是人和世界交流的五个途径，五个途径漂移为一个空蕴，是谓"五蕴皆空"。

佛陀想将"外在世界"与"内心世界"二元结构化为一元，弥合二元之间的无端缝隙，以求得存在的"本质"之真，但事实上，或许就在那个雄心绽放的瞬间，他就已经发现人其实无法获得世界的真相，所以世尊非常失望，甚至恐惧。

当然，佛陀的伟大之处，在于将失望或恐惧化为欢喜，将无助之心化为欢喜心。在此意义上说，菩提萨埵（觉有情）即是拯救，阿耨多罗三藐三菩提即是彻底拯救。

比尔·波特说："根本而言，五蕴是现实的边界。五蕴是把握世界的五种方式，其最终目的就是要找到某种我们真正拥有的东西。五蕴代表的是一场野心勃勃的内心之旅，它要寻找的是不变的自我，它试图穷尽所有的可能性，以便在瞬息万变的感官洪流中找到某种永恒、纯净并且独立的存在。所以，观自在菩萨于定中所观，五蕴之外别无他物。求真之路，五蕴之外不作他想。然而无论我们在五蕴之中怎样搜求，无论多么勇猛精进、多么持久，最终仍是空手而返。因此佛经中也把色蕴比作不可捉摸的'聚沫'；受蕴比作须臾即没的'浮泡'；想蕴比作望尘莫及的'野马'；行蕴比作中空不实的'芭蕉'；识蕴比作离奇颠倒的'幻法'（参见《增一阿含经·二十七》)。"[1] 五蕴归于一元，而又要五蕴并举，实则是不可为而为之。因为人既是宇宙（世界）中的人，又是有鲜活的感觉、感知系统的人。

人在宇宙中，犹如蛔虫在人腹中，蛔虫作为生命体，或许也在感觉到一个叫人的宇宙整体，但蛔虫却从来没有见过完整的人。当然，人比蛔虫要高级得多，人不但有生命的直观感觉，还有综合、分析感觉材料的感知能力。当然，人的感觉和感知能力是否可靠，是值得怀疑的。这个不得不怀疑之怀疑，是思-想的出发点。或许人和其他生命体不同的地方，是人某方面的感觉和感知能力比较复杂——人一直相信这是他们的超群智慧，自喻为万物之灵。

一方面，人能通过感知系统综合、分析感觉到的世界的质

---

[1] ［美］比尔·波特：《心经解读》，第87页。

料，并能在此过程中创造概念，凝聚一个个可称为蕴的认知途径；另一方面，人能制造工具，将世界扩展为知识、工具的世界和诗意的世界。可是，人存在的荒谬性也在于此。当人自己创造一套或无数套概念和方法去说明世界（宇宙）的真理时，人就陷入了与自己创造的那个言说中的世界、与或许只有宇宙自身才知道的存在的真相背道而驰的难题。比如，人创造了形而上学，也创造了数学，在维特根斯坦等哲学家看来，这就是荒谬的出发点。

说到底，佛陀虽然使用了五种蕴的概念来言说世界，但他无疑是形而上学发生和演进的历史上最小心翼翼地使用概念（蕴）的人。佛陀不得不使用概念，与此同时又消解了概念，即是一种无上禀赋的觉行圆满的表现。

在当今世界，概念制造、命题谎言、逻辑暴虐，已使存在变得荒谬绝伦，人庶几变成了非人。在此境遇中，佛陀的早慧和伟大不言自明，当千古流芳。

在《橘在野》组诗中，我曾有一首诗献给诗人柏拉图，现在又献给佛陀：

一

那个海在哪里？

你曾用海水

涂鸦了第一轮圆月

那个天空在哪里？

你给了它，单一、纯洁

你曾经给月牙谱过一个橙色的曲调

接着，又亲手抹去

二

从明镜里

你解开了太阳的索链

让它上天，多么轻盈

你又控制了它，恰到好处

不能飞远，也不破裂

  蕴的漂移，是诗-意的，因此可以说，它是反逻辑的。

  虽然作为五蕴的概念在漂移着自我澄明，但各个蕴漂移着的语义却不能确定，因为蕴的语义也在漂移中生成或寂灭。维特根斯坦在《文化与价值》一书中有一则箴言："人可能把他自身的

担当,《趣冷人闲册页》之二十一,纸本墨笔,17.5×22.8cm

全部邪恶看作一种幻觉。"与此同时,我们也可以想象,人可能会把全部的善行、全部的思想看成一种幻觉。事实和幻觉,同时在人的心灵结构中存在,构成人的生命感觉、感知系统扑朔迷离的形态。

如果一个人的心灵结构中只有事实,那么这个人只能算个物质。以物质构成心灵结构的人是恐怖的。

一颗美好心灵中总是充满着幻觉的事实和事实的幻觉,同时还浸润在信仰和梦想的神圣性与诗意性化境之中。

维特根斯坦写道:

> 我的思想范围比我的想象范围狭窄得多。
>
> 思想缓慢地上升到表面,就像水泡那样。(有时,仿佛你在看一种思想、一个观念时,就像看远在地平线上的一个模糊的点,其后它往往以惊人的速度逼近。)[1]

《心经》谓之"五蕴",也可以说是五种幻觉。实在之物、实在之行,都是语言的幻觉或曰幻相(象)。

在语言中的实在,是幻觉的实在。问题在于,你是否相信

---

[1] [奥]路德维希·维特根斯坦:《文化与价值》,第92页。

它。你相信它，它就成了你的一部分，也就成了构成世界的一部分。

乔治·贝克莱大主教说："存在就是被感知。"在他看来，时间和空间都是被感知的"事实"，而非恒定的存在，因此所谓事实，其实就是心灵。

五蕴，是心灵的五瓣花。

五蕴，不是具体的五个蕴，而是五种范畴的蕴。每种范畴的蕴，都生成无限多的蕴。

蕴和蕴的内涵都处于漂移幻化之中。比如，在死亡的心灵结构中，充满着死蕴。

每个心灵都有五瓣花。而每个心灵的五瓣花又在其暂住的时刻各开姿容。

十二　色蕴灵犀

有、无聚散，是天地间存在的诸相聚散，亦是心灵结构中诸相（蕴）的聚散。蕴是凝聚，也是散开。聚散相依。不管是空有还是空无，感觉系统凝聚起来的，首先是色蕴。

色是看。形是色，无色即无形。

色是眼看，也是心看。

色与看，同构为感觉世界之象形。人们从一个方向看过去，看到一扇门、一扇具体的门，门就是一个色蕴。人们也可以看到一个类的门，这个类的门，也是看的凝聚。一个类的门为一个类的色蕴。色蕴从具体事象漂移到类相，也可以从类相漂移到具体事象。（相和象多数时候和合一体。在此处，相有深度构造，而象，则喻表象。）

各种各样色（事物视相、心相）的凝聚形态，是色蕴的漂移形态。色蕴的内涵和形式，是不断注入、不断幻化的。没有凝固不变的色蕴，是为佛法缘聚缘灭的存在样态。在此缘聚缘灭的漂移幻化过程中，诗意形式生成，非诗意形式亦生成。诗意和非诗意在相互漂移、磨砺与对观之中显明。

无论在心灵结构中，还是在诗意漂移的时刻。色是个实相的概念，同时也是漂移着的虚相的概念，概念之色蕴其以幻相形式暂住为诗意开显。各种色蕴风咏聚散而蕴为诗。李义山《无题》诗之一阕云：

> 昨夜星辰昨夜风，画楼西畔桂堂东。
> 身无彩凤双飞翼，心有灵犀一点通。
> 隔座送钩春酒暖，分曹射覆蜡灯红。
> 嗟余听鼓应官去，走马兰台类转蓬。

实相是物质、事态、事件的存在。有时候，某种存在我们称它为物质，比如一张桌子是一个物质，这个桌子置于教室就是一张书桌。当我们对这张桌子进行解释的时候，它从物质变成了另一个东西，即书桌。它承载了某种稳定的功用的含义。我们通常把物质等同于存在或本质。可事物不仅仅是一个物质存在，还有功用的存在、隐喻的存在和象征的存在，等等。这张桌子搬到一个台上，变成了主席台，这时它的功用含义又在漂移中发生了变化。它还是木头做的，但又有了主席台上的隐喻。名相由此改变，色有了深度构造。虽然主席台也是由桌子拼凑的,但主席台同时包含着权力、高高在上,包含着你不得不低头听的某种声音。它是权力和座次的象征。

色蕴暂住,功用漂移;功用漂移,色蕴暂住。在色蕴漂移时刻,心灵结构也随之漂移。

因此,色蕴是色-相的凝聚与漂移,反之亦然。色蕴也包含着色彩,当然不全是色彩。色蕴、色彩既是视相,也是视相的深度构造。色彩,是漂移着的色-彩的暂住。

所有的事物的存在,不论实相或虚相,皆是某种色-相的存在。没有色-彩的存在就没有相的存在。比如一个人今天有没有来上课,我们也是根据他的形和相来判断的,不能根据他的心在不在来判断。形和相,就是色。比如一头牛进来,我们的嗅觉系统也马上参与判断——不但看见牛的形,也闻到牛的气味,还会有"为什么牛会进教室来"的追问。所以,各种感觉系统都可以参与"色"的判断,但首先以视觉的判断为主。李森有一阕《冬日云团》抟住各种色蕴风行:

在冬日云团惊慌失措时我要你的庇护
缪斯妹妹,我要空天重压下翠湖春汛的银针
在风吹万千油灯的绝望里顶住光影的枯萎

在冬日机车铸铁的齿轮下我要你的庇护

缪斯妹妹，我要对抗空天中的一团冷灰

我要所有漏水的海洋和抛锚的雪峰吐出锯末

我们"看"到的世界，事实上是一个色蕴漂移的世界。至于说这个"色"的世界当中包含着什么样的内涵，我们可以不知道，但是作为一个人，你要追问这个世界的构成——它首先在视觉中构成，通过视觉凝聚成心灵结构。当然先天的盲人看不见，但盲人也是有色相的，只不过是隐含的色相。他可以通过触觉、听觉来发现世界。草履虫没有视觉，可是它通过嗅觉和听觉来捕食。所以，我们说，对世界的第一判断是视觉，即色相的判断。是故，"五蕴"中的第一蕴就是色蕴。

明代憨山德清大师《般若波罗蜜多心经直说》云："色乃人之身相也。以其此身人人执之以为己有，乃坚固妄想之所凝结。所谓我执之根本，最为难破者。"当然，色既是人之身相，也非人之身相。

明代智旭法师在《般若波罗蜜多心经释要》中说得最为深刻："了知色惟是心，别无实色。一切根身器界，皆如空华梦物。故色不异空，空亦惟心，别无异空。设有一法过涅槃者，我亦说

担当,《趣冷人闲册页》之二十二,纸本墨笔,17.5×22.8cm

为如幻如梦。故空不异色,既云不异,已是相即。"[1] 智旭认为五蕴即是心蕴,此为极高明之洞见。

弘一法师说,色蕴是"障碍义"。"障碍"这个词在现代汉语中有贬义,但在弘一那里是中性词,就是"看的抵达"之意。就像墙壁,本来是一个中性词,但是在使用中掺杂了隐喻内涵,就成了"障碍"。"障碍"是心障,也是心之本在样态。没有无"障碍"之心灵结构。

在我看来,色蕴是直接地、不加遮蔽地能够被看见的东西,借于物器,起于心阙,而归于心蕴。你一眼看过去,房子后面的东西看不见,房子就成了"障碍",这就是房子显现的方式。也即是说,"看"是象(相)的呈现,也是象(相)呈现的方式。这种呈现是不存在作为隐喻之"障碍"的,它是直接的色蕴的存在,就是看的对象的凝聚。

看,就是色蕴的凝聚或生成。天,是看中的天凝聚的色蕴;地,是看中的地凝聚的色蕴。

我把色蕴解释为"直相义"——直观之相,它既包括实相,也包括虚相,还包括幻相。总之,它是心相而已。

---

[1] 憨山德清和智旭法师之引文皆引自台湾财团法人佛陀教育基金会2001年编印之《般若波罗蜜多心经集注》一书。

从显在的色蕴出发，它就是事物、事态的自显；从自显的"直相义"开始，它可能会蕴出深度的"直相义"。

"直相义"的幻相，不一定是实相，也不一定是虚相，它可能是实相和虚相在心中重新组合的心灵结构之相。正如艺术当中的音声形色之相，既非实相，也非虚相，而是某种从"直相义"转化开来的"隐相义"。

艺术中的抽象之相，可能是"直相义"，也可能是"隐相义"。诸相皆心相之暂住也。

以色蕴漂移的视觉看，美术中的超写实主义绘画，可能也是个幻相的"直相义"或"隐相义"。从诗意的生成看色蕴，也许越是写实的，越是抽象的。

色蕴的"直相义"不分写实或抽象。"直相义"是色蕴最清晰、准确的显明。

比如俄罗斯巡回画派画家希施金画的橡树或松树，又如荷兰画家蒙德里安画的"红树"或"灰树"，还有英国当代画家大卫·霍克尼画的空心树，都是直观之相。用线条画树的形色，或用色块画树的形色，都能呈现"直相义"的色蕴。其实，伟大的作品都有"直相义"的清晰与纯真。只有最清晰的作品，才能达到诗意的迷离和高洁。

幻相的树、实相的树和虚相的树；空中的树、大地上的树、梦幻中的树；透视的树、平涂的树；模仿的树、拼贴的树；具象的树、抽象的树。无论何种树，都是色蕴之心相构造，都是暂住的言辞符码。万物书写，亦复如是。

"隐相义"，是"直相义"的漂移。"隐相义"漂移到某个暂住的点上，又成了"直相义"。

一切相都是空相，是说色蕴为空，只有音声形色的单纯，没有其他附着义、遮蔽义；色蕴为空，是说色蕴在漂移中为空——单纯的实体（无色的）是不会漂移的。

色蕴若为凝固之相，则色蕴不会漂移。不会漂移之相，是死亡之相。

有的人活着，其心中的蕴已经死亡；有的人死了，其心灵结构之蕴万古长新。

活着的心灵结构是一种漂移的蕴，它们超越了生命而存在。这就是为什么文明结构、文化事相和诗意的音声形色可以传承的因由。

在心灵结构中，若诸蕴不会漂移，则此心灵结构为死亡之心灵结构。

比如伟大的辛稼轩，他仍然活着，他的词漂移入我的心灵，构成我的心灵。稼轩即我也。《贺新郎·甚矣吾衰矣》：

甚矣吾衰矣。怅平生、交游零落，只今余几。白发空垂三千丈，一笑人间万事。问何物、能令公喜？我见青山多妩媚，料青山见我应如是。情与貌，略相似。

一尊搔首东窗里。想渊明《停云》诗就，此时风味。江左沉酣求名者，岂识浊醪妙理。回首叫、云飞风起。不恨古人吾不见，恨古人不见吾狂耳。知我者，二三子。

十三　度蕴的潮汐

语言中的一切,都是度蕴的潮汐。

度,渡也。是一个动词,一条道路。度,渡,是一种神秘的漂移,若芝蕙兰桋过万千弱水,赋流云煦光。在此神秘的漂移过程中,消解一切苦厄。苦厄如重荷,但不可能从一个地方搬到另一个地方,因为苦厄是心灵结构的一部分。苦厄只能消解、融化,只能从心中化开。苦厄化开的境界,即是空蕴的境界。

因此,度,是度蕴。从蕴幻化飘摇的各种角度去理解,度,就是引领、拯救、启迪,或者感召的意蕴表达。度,在化开心结的时候,创造时间和空间,创造一切漂移之相,如云卷云舒,似峰回路转。"我见青山多妩媚,料青山见我应如是。情与貌,略相似。"青山度我也。

心灵结构中万象漂移的缘起是空,过程是空,目的也是空。空,是诸相存在之母。度蕴在空蕴中推动诸相。空蕴是聚散着的一种力量,是一种万象朝向无限可能性的绵延。在某一个漂移的时刻,空蕴与度蕴同构。

度蕴如桥而无桥,如桨而无桨,如船而无船。度蕴、空蕴,以及各种蕴,蕴蕴相合,浪浪相随,奔向无。无蕴有,有又蕴无。

度蕴,在起点与终点之间,永远在那个"之间"的位置,因为没有起点和终点。

度蕴,是语言和智慧和合会通的一种能量转化。

度蕴漂移中不仅包含"度一切苦厄",也包含"度一切欢喜"。欢喜本身也是悲智,甚或是悲怆。正如"道生太极,一化两仪"之说,苦厄与欢喜,犹如阴阳二维的合体。最高的苦蕴,是"有意义"和"无意义"的苦蕴;最大的厄蕴,是死亦是生。生和死,皆是"被抛"到世界的蕴相。度,渡,既度生,亦度死,还度生与死"之间"的生命万象之蹉跎峥嵘。

一人之度,是一人心灵结构之漂移;一人之度,也可能是人类心灵结构之集体漂移。英国宗教评论家和作家凯伦·阿姆斯特朗(Karen Armstrong)写道:

> 正如我们所见,乔达摩感到他的生活变得没有意义。相信世界是苦难的,这是轴心时代的国家孕育灵性的根本条件。经历这场变革的人,像佛陀一样,都感到动荡不安。他

们因充满无助感而身心俱疲,因害怕死亡而心神不宁,因与世界疏离而感到极度恐惧。他们以不同的方式表达这样的精神抑郁。希腊人把生活看作一部悲剧史诗,一部演绎人们追求净化和释放的戏剧。柏拉图谈到过人与神的分离,渴望摆脱当前不净的状态,达到与善合一的境界。公元前8世纪到前6世纪的希伯来先知也感受到同样的和神的疏离,认为政治流放是他们精神状况的体现。伊朗的琐罗亚斯德认为生命是一场善与恶之间的宇宙战斗。然而在中国,孔子哀叹时代的黑暗,背弃了祖先们的理想。在印度,乔达摩和森林苦修者都相信生命是苦的:它基本上是偏离正道的,充满痛苦、悲痛和不幸。世界已变成一个可怕的地方。佛教经典谈到人们冒险出城到森林里,体验到"恐怖、畏惧与害怕"。大自然已变得险恶,正如亚当和夏娃偷吃禁果后所面对的自然一样不利。乔达摩离家并不是到森林里愉快地陶醉在自然之中,而是体验持续不断的"恐惧和害怕"。他后来回忆说,当鹿靠近或风吹动而使树叶沙沙作响时,吓得他毛发倒立。[1]

---

[1] [英]凯伦·阿姆斯特朗:《佛陀》,贤祥译,生活·读书·新知三联书店,2014年,第15—16页。

可以肯定，乔达摩·悉达多感受到了生活和生命存在的困局——先知的精神苦厄和担当，但他并不是一个逃避者，相反，正如凯伦·阿姆斯特朗在《佛陀》一书中所说，"乔达摩离开家，并不是为了较为传统甚至古老的生活方式（就像现在我们通常认为僧侣所过的生活）才放弃他那个时代的世界，而是要走在变革的前沿"。深研佛法的人，都会有此生命体悟。在2500年后的今天，由于人类精神的堕落，使得这种体悟更富有强大的力量。毫无疑问，佛法是一种欢喜之法，是一种伟大的行动哲学。不过，必须指出，这种哲学不是为"名称"而名，即非为概念而概念的西方主流哲学意义上的哲学。佛法作为哲学的核心即是"度"，或曰"度蕴"。说得具体点，佛法是行动哲学的语言与心灵呼应的实践，它要解决的是心灵结构的超越即漂移问题，而并非简单地追问世界结构是什么——是生命、灵魂、精神单子（实体，莱布尼茨），还是一堆具有可辨析性的物质属性。因此，度（度蕴）不是一个名称，也不是一个概念，是不得不使用的一个漂移着的辞藻，是一种不能不借助语言表达的灵魂推动力。说到底，佛法是连名称、概念都要清洗掉的。佛法非佛法的思-想，真是一种天才的洞见，是伟大的语言哲学意义上的心灵实践。在此意义上讲，佛法又是非哲学的、反哲学的。阿兰·巴丢说：

关于名称的问题，至少从《克拉底鲁篇》开始，就属于哲学中有很大争议的问题，维特根斯坦也未能予以澄清。我们非常明白，在命题中名称代表着事态所关联的对象，而名称出现其中的命题则描述着事态。但是，我们不明白的是，**对象之不可思考的差异，是如何通过被名称所证实的差异来指代的呢？**在对象的多样性（实体一边）与名称的多样性（命题一边，或者说图像一边）之间的面对面的镜像构建中，有一个错位契入进来。如果对象违背了莱布尼茨的不可识别原理，那么这些仅仅作为对象之符号的名称，又是如何遵循着这一原理的呢？因为，可以肯定的是，无论同音异义的可能性范围有多大，两个不可识别的名称最终总是**同一**的。名称，与对象相反，不是通过外在的唯一性关系来确认。它们有着内在的紧密的同一性。[1]

阿兰·巴丢试图以诗歌去链接实体与命题，破开两者之间的障碍，以期破壁而飞。事实上，这正是在我看来"度"的一个有效途径。当然，在阿兰·巴丢看来，诗歌是一种思想，而我的看

---

1 ［法］阿兰·巴丢（又译阿兰·巴迪欧）：《维特根斯坦的反哲学》，严和来译，沙明校，漓江出版社，2015年，第53页。

法恰恰相反。我以为，诗歌是诗意的表现形式，诗意或与诗歌形式同构，但绝对不是思想。我以为，度蕴即广义的诗意之表达，这一点与阿兰·巴丢认为的作为语言实践的那种"思想"肯定是不同的。在心灵结构中，语言是"度"的生发力量，而只有诗意表达，才能破开名称与实体之间的障碍，弥合两者之间难以跨越的深渊。因此，最富有浸染力、穿透力的，还是诗意的"梦幻泡影"。

每个事物是孤立的吗？那最小的与其他"事物"区别开来的东西是孤立的吗？哲学史家如是评价哥特弗利特·莱布尼茨（1646—1716）认为的单子构成世界统一体（上帝）的思想："每个单子都按照它自己的创造性意图而行动。这些没有窗口的、每个都遵循着它自己的意图的单子形成了这个有序的宇宙的统一体。即使每个单子都是与另一个单子相孤立的，它们的意图却形成了一个巨大规模的和谐。这就如同虽然是几个不同的时钟，却因为它们完善地遵守着时间而全都在同一时刻敲响。莱布尼茨把所有这些单子比作'乐队或歌队的几个不同的音部演奏他们各自分离的部分，并且这样来安排，使得他们相互看不见甚至听不见'。莱布尼茨接着说，然而他们'通过每个人都注意他自己的音符而保持着完美的配合，以这样一种方式使倾听这个全体的人在其中发现一种和谐，它妙不可言，而且比在其间有任何联通的

担当,《趣冷人闲册页》之二十三,纸本墨笔,17.5×22.8cm

情况要更加令人震撼得多'。所以，每个单子都是一个分离的世界，但是每个单子的所有这些主动性却在与其他单子的主动性的和谐中发生。以这种方式，我们就能够说每个单子都反映着整个宇宙——但却是从各自独特的视觉。"[1]

莱布尼茨预定了一个世界之整体（上帝）作为和谐的缘起，这显然是理性主义的一个古老的人类猜想。不过，与柏拉图以"假设"为出发点的论证相比，莱布尼茨似乎特别相信他说的就是真的。他没有洞察到"和谐"之为和谐的诗意创造，恰恰是所谓孤立的单子实体之间的生命或精神的诗意会通。而佛陀则认为，那个所谓的单子存在的前原因（不变整体）其实并不存在，一切都在迁流变化之中，即在因缘际会的时刻显现与寂灭。佛陀缘起性空或性空缘起的思想，可能是对自然时空和心灵时空存在形态最真实可靠的描述和洞察。如果"语言漂移说"要认一位始祖，那么，他就是乔达摩·悉达多王子。

可以想象，如果没有诗意之相幻化不定、又清晰显露的暂住，"和谐"是不可能滋生的。因为所谓和谐，其实质亦是生命的直观感悟，而这种感悟必然是心灵结构中诗意的漂移暂住、迁

---

[1] ［美］撒穆尔·斯通普夫、詹姆斯·菲泽：《西方哲学史》，丁三东等译，邓晓芒校，中华书局，2005年，第365—366页。

流幻化。

作为美的"和谐",是西方古典诗学关于诗意的最高原则。在我看来,根本没有决定论和本体论的和谐那种东西,就好比没有"美学"这种东西。和谐,只是一种蕴的凝聚;所有蕴的凝聚,都是度(渡)蕴。和谐是漂移着的和谐。如果和谐是凝固着的,那只能是死亡。比如美学概念,就是死的;美学心灵也是死的。由是观之,漂移着的度蕴或度蕴的漂移,都妙不可言。我的《屋宇》组诗有一阕《游鱼》,赋得度蕴的欢喜:

> 带着鳞来,带着波的服从。
> 带着眼来,带着海阔的无聊。
> 带着尾的摇摆而来。带着鳍的方阵,古旧的脸谱。
> 谁在驱使。是我。我借你们圆润的小嘴,清洗辞藻。
> 我有沟壑,让你们出海。我有高原,让你们逆水而上。
> 我有鼓角,让你们听见。我立一帆,抹一影,让你们
> 　　争鸣。

十四　色-空轮

"色不异空,空不异色,色即是空,空即是色"的结构,形成一个旋转的色-空轮、一个心灵结构的圆圈,把受想行识四蕴也转了进去。它是弯曲的,又是平面的。这个旋转的圆,其实并不是一个圆,圆只是个比喻。色-空轮旋转着五蕴,归根结底是旋转着空蕴。

事实上,证得正等正觉之佛陀的心灵结构即是色-空轮。由于心灵结构是个色-空轮,人身亦是个色-空轮。色-空轮的旋转,即是蕴的旋转。

当然,人这个色-空轮的旋转,首先要转出"我执",其次要转出"他执",最后转出"我执"与"他执"的结构。这三重结构既是文化积淀的结构,也是人的结构。乔达摩超越普通的人成为佛,其实是回归"初心"的人、原在的人。由于人(无论是大写的人或小写的人)已经出发,向着"非人"的远方渐行渐远,所以,要借助佛法这种修行的方法,借助色-空轮的旋转将人转回来,转到心-物同蕴开显的梦幻秘境。《楞严经》第三章说:

一切世间诸所有物，皆即菩提妙明元心。心精遍圆，含裹十方。

要证得"妙明元心"，就要涤净自我，将自我的魔罗转走，在旋转之蕴漂移中，以自我拯救。凯伦·阿姆斯特朗在《佛陀》一书中写道："魔罗是乔达摩的自我影像，出现在他面前，伪装成转轮圣王，带领着庞大的军队。魔罗骑在一百五十里格（league，古长度名）高的巨象身上，它的一千只手臂，各执致命的武器。魔罗为梵语，简称魔，意为'幻相'，象征着阻碍证悟的无明。"这是佛陀战胜自我心魔的一个寓言。"转轮圣王""庞大的军队"都是魔，即另一个自己。在乔达摩降服魔罗，即战胜自己之后，他的色-空轮终于转到了澄澈明亮的心境。"于是乔达摩进入初禅，穿透心灵的内在世界；当他最后达到涅槃寂静时，诸佛世界发生猛烈震动，天界和地狱也在摇动，菩提树上的红色小花像雨点洒落在成等正觉的人身上：一万大千世界开花的树都花朵绽放，所有会结果的树都果实累累。主干茎上的莲花争奇斗艳……整个一万大世界就像一个在空中旋转的花球。"[1]这又是一个乔达摩成佛的寓言。关于乔达摩成佛的诸多寓言书写都是

---

[1] 以上两段引文引自［英］凯伦·阿姆斯特朗：《佛陀》，第95—98页。

诗的创造，此至少说明每位觉悟者的色－空轮的旋转，都需要诗意的推动。

色－空轮的旋转不是理论的旋转，也非心阙中某种守卫力量的"换防"。色－空轮的旋转中没有定义、理念、方法、意识形态的非此即彼。所有理论在色－空轮的旋转时刻是彻底失效的。说到底，佛法是"不可言喻"的，它只能在色－空的无意义秘境中"溢出"。"溢出"既是原因，也是结果，是自在的菩提之花。我的《初春》组诗中有一阕《樱桃》可参：

> 一枚樱桃的孤寂溢出，红在树尖
> 一棵树的孤寂溢出，结成樱桃
> 大地的孤寂溢出，立起森林
> 春天的孤寂溢出千里鸡鸣

色－空轮的旋转是语言的旋转，而非存在的所谓本质的旋转。语言"心精遍圆，含裹十方"，但不会停顿太久，以免使诸相自我腐蚀、自我产生重量，然后下坠而成为执障。当然，人一旦看见色－空轮在旋转，在裹挟着诸法、诸相漂移，就会滋生生命的慈悲之心。慈悲心首先是对自我的观照，也就是说，慈悲心是自性的初心。慈悲心作为初心自我显露、自我证得品性，但不

担当，《千峰寒色》之八，山水诗文册页，纸本墨笔，22.9×34.5cm

担当,《千峰寒色》之八,局部

是价值观的表达,更非"我"对他者的教导或施舍。

慈悲心是反教导和反施舍的。

慈悲,是色-空轮旋转的心灵悲智。慈悲是最伟大的佛法之蕴,是人的高尚品性的流露。

色-空轮带动五蕴向着空蕴的旋转,是一种元叙事。

元叙事,是非价值观的叙事。在元叙事的叙事模式中,没有模仿说和反映论。

元叙事是灵魂和语言同构的初心叙事。

色-空轮在旋转时清洗了五蕴的所有知识内涵,只剩下诗意。只有诗意可以证实色-空轮的无意义旋转之维。不过,这里说的诗意,是无诗意障的原初诗意。

除了色-空轮旋转时刻滋生的原初诗意之外,其他的诗意都是诗意的执障。

在空蕴旋转中,五蕴并没有区别。五蕴是五个概念,色-空轮一旦旋转,概念就消失了——五蕴概念的使用,亦是权宜之计,用之者实为弃之而用之。

色-空轮在旋转时,五蕴反复地交换位置,将自己化为空蕴。

色-空轮旋转,所有的蕴与空蕴同构。

实相自我化解,空蕴亦自我化解。赵州和尚说:"佛是烦恼,烦恼是佛。"烦恼和佛,彼此化解。

色-空轮旋转时，犹如色蕴一样，所有蕴都是一种直相（无蔽的直接呈现之相），当然，只有色蕴是视觉的直相，其他蕴是其他感觉系统的直相，比如咒语是听觉的直相。

色-空轮的旋转，空是原动力，诗意是这一动力旋转之美的生发。比如，我们看见"色"的直相，是通过"空"看见的。如果没有"空"，我们就看不见"色"。也就是说，"看"本身就是"色"呈现本身。

"空"是原因，但它不是本质；"空"是一个旋转的局，但它不是一个终结。

"空"与所有蕴契合为"一"。

佛法是一元的。色-空轮旋转为"一"。

"一"是一个随时在分解着的蕴。

色-空轮的元叙事、元陈述，都来源于存在和人对存在的感知。"空"是感觉和对象联系的桥梁或通道，感觉和对象之间的鸿沟被"空"化解。

色-空轮的旋转，是无意义的旋转。

"一"不是整体，而是一个个无意义的、单纯的表象（现象）。

色-空轮自我旋转，自我化解，自我创造新的色-空轮。"一"随时被化解为新的"一"。因为没有"一"的真实存在，因此，任何对"一"的猜想都毫无意义。

色-空轮旋转时，世界初次显现，万象初次更新。色-空轮不停地旋转，呵护着初心不会走远。

德国作家赫尔曼·黑塞在《悉达多》一书的"觉醒"一节中如是描绘佛陀：

> 他举目四望，仿佛初次见到这个世界。这个世界美丽而斑斓，奇特而神秘。瞧！那儿是金黄，那儿是湛蓝，那儿又是碧绿。漫流的天空与河流，高耸的森林和山峦，一切都如此美好，如此神秘，如此诱人，而在所有这一切中，他，觉醒的悉达多，正走在通向自我的道路上。所有这一切，所有这些金黄与湛蓝，河流与树木，第一次映入悉达多的眼帘。那不再是魔罗魅惑迷人的幻术，不再是玛耶（虚幻女神）虚无缥缈的面纱，也不再是世界万象毫无意义的偶然世相。尽管这一切为那些追求圆融统一、轻视个别差异的思想高深的婆罗门贵族所鄙弃，而河流毕竟就是河流……意义与实在并非隐藏于事物的背后，而是寓于事物自身，寓于事物的一切现象。[1]

---

[1] ［德］赫尔曼·黑塞：《悉达多》，杨玉功译，上海人民出版社，2012年，第39—40页。

似乎在赫尔曼·黑塞的眼中,佛陀是一位非学院派的现象学家。

赫尔曼·黑塞也是色-空轮旋转着的一个蕴。

佛陀、黑塞和我,我们对于世界和他人,都是蕴的一堆言辞,除此之外,我们对世界和他人一无所知。

换句话说,我们都被蕴的言辞旋转着。包括佛陀自己在内,我们都创造了自己的如来(已经走了),如来也创造了所有人、所有事物。在《悉达多》一书中,黑塞借助佛陀的口说:

每一石子皆为梵。

"梵"是澄明寂静之义,是色-空轮旋转而抵达的"无目的的合目的"之境。

万相如来——已经走了。

十五　心识四蕴音声相合

心识四蕴即受、想、行、识。心识四蕴音声相合，与色蕴和鸣。心识四蕴犹如四只鸟儿带着自己的色身鸣叫——"出自幽谷，迁于乔木。嘤其鸣矣，求其友声"（《诗经·小雅·伐木》）。

受蕴，简言之就是接受、领纳。弘一法师说，受蕴是："领纳义，即对于外境或苦或乐及不苦不乐等之感受。此与今时人所习用之'感情'一词（即是随官感印象而生之官感感情）甚合，若作了别解之'感觉'释之则非，因了别乃属识蕴也。"领纳即接纳、领受。色蕴是外境法（外识），受、想、行、识四蕴是内心法（心识）。当然，外境与内心在空蕴上化为一元，所有蕴均为空蕴所统摄，此不赘述也。

色蕴是看出去，与其说人在看物质世界的诸色相，不如说诸色相在看人，即色对人的领纳；而受蕴是要把色相世界收回来，这是人对色相世界的领纳，当然也包括人对人自身内心的领纳。

受蕴作为领纳义，分为个人领纳和非个人领纳。我认为佛陀讲的受蕴包含着这两层意思，因为佛陀是古今最著名的瑜伽师，瑜伽禅修首先从自己的身体（色蕴）和内心（受、想、行、识四蕴）开始。但释经者一般认为，包括受蕴在内的诸蕴，都是非个人性的。

佛陀既不是唯物主义者，也不是唯心主义者。佛陀的思-想是超越"二唯"结构的，他是漂移说的始祖，以空为通途和动力，旋转着诸蕴之轮漂移，以达到"心无挂碍，无挂碍故，无有恐怖"之超凡境界。

受蕴的领纳首先是个人性的。每个人看到的事物，对其心灵结构和精神世界的影响，完全不一样。同一个事物，在人的心中会形成各种各样的幻相。各种幻相会漂移起来，形成云卷云舒、波光万卷般的节奏连环；不同的事物幻相，也会在同一时刻或不同时刻交会；不同心灵结构中的事物通过感受力对话，这种对话在有着相同感受力的心灵之间漂移与契合。

色蕴，是障碍呈现层，像蓝或白一样呈现天空；受蕴，是幻相呈现、领纳层，像天空的蓝和白一样飘入眼帘，像作为声音的大海涌入耳朵，像欢喜一样油然而生，随后纷至沓来。

人领纳到外境的客观存在，感受到痛苦、欢乐，此为人之先天本能。受蕴，是人的先天本能的开显。

我的《中甸》组诗中有一首《消息》，是我的心对"一只鸟"的"领纳"：

忽然传来的消息

今早，一只大鸟朝着东方飞去

它的羽毛渐渐变红

肉身渐渐变蓝

它是昨天黄昏向西边飞去的那只鸟吗

那只大鸟羽毛渐渐变黄

肉身渐渐变青

正是这只鸟儿带走了成长的欢欣

佛学是一种伟大的诗学、一种诗学方法论。诗学方法也是禅修的方法。五蕴是诗学中诗意表达的五种层次。受蕴作为幻相的呈现和领纳层，是诗意生成的关键。因此，受蕴是打开、构建心灵结构的门槛。没有这个门槛，就没有世界。

禅修者，总是在受蕴的门槛上左右顾盼，寻找自己的心灵结构之门。

受蕴与色蕴相连，色蕴通过受蕴进入内心。没有受蕴，就不能谈论其他四蕴。

想蕴，是"取像义，即取著感受之印象而思想"（弘一）。

我认为，在心灵结构中，想蕴是受蕴的引申。受蕴是世界漂移入心灵的门槛，而想蕴，则是领纳之幻相（苦受、乐受或不苦不乐之舍受）重新构成诸相的又一个层级的出发点。想蕴，是心灵重构世界的重要一维。

想蕴是思－想。但想蕴不是思想的模式，它生发概念以助思－想，但不是概念的"反应堆"。

想蕴控制在思－想取像漂移的范畴。或可说，这个范畴，是现象学思－想漂移的范畴。

想蕴将色蕴和受蕴重新整合，形成现象层面的语言和符号。就一个词而言，想蕴是能指层，是声音和形象的心灵结构。

想蕴裹挟着一个词或一个概念的所指，但不对所指进行分辨、了别。想蕴作为心念的这个层次，或许是佛陀的意思。

比如墙上的一个斑点，你拿个照相机或摄像机去聚焦它，当它作为影像显现在镜头中，当背景全部消失，你会发现这个斑点自身就是一个迷离的视觉宇宙。你可以通过想象力把这个斑点理解为宇宙存在的一个旋律和节奏，理解为宇宙形象的涂鸦。康定斯基说："一个点就是一个深渊。"这个点可能是一个逗号，可能是个顿号。当你把这个点当作一个标点符号的时候，它仅仅只是在你的语言表述系统中，使一个节奏暂住的一个符号。但是，当你把它聚焦放大之后，一个逗号，可能就是一个星云图。

取像，是凝聚，是对世界的远离，也是心灵涂鸦世界的开始。

观看方式一旦发生变化,从宏观的观看、有隐喻内涵的观看,到微观的观看,你可能看到它里面幻化无穷的镜像。因为那无限多的镜像不可能是世界的原像,所以它是空相(像、象)。

领纳万千世界的图景,重新发现了一种观看方式,就是思-想。

你必须非常敏感地看。看出去,领纳进来——如来,如去,然后使思-想旋转、漂移起来。

我们观察世界的方式时刻在重组,世界是重组中漂移着结构而成的世界。受蕴是世界漂移的一层幻相,想蕴是世界漂移的另一层幻相。

想蕴就是思维活动对色界的进一步凝聚,也包括对思-想本身的凝聚。

某个深夜,我在庭院中仰望星空思-想,有一首《庭院》吟诵:

> 庭院,一个词的深渊,比真实的鸟巢大些
> 我只想把一点苦恼放在我的诗句里
> 把几株植物,种在我的门槛里
> 我要在树下,等待从月光里游来的鱼群

> 我要向鱼群学习语言，学习空虚中的从容
> 鱼群，把我带走吧，趁着明月的真诚
> 鱼群，让我长出月光般的鳞片吧
> 趁着夜色，趁着我还没有破译水井中的波纹

行蕴，弘一法师说是："造作义，即对外境之动作。"陈秋平注《心经》说："行蕴：行走迁流造作义，前灭后生，念念不停，所以叫作行，即意志与心之作用。"[1] 广超法师说："此行是造作的意思，即是我们的心对外境产生行动，对所知的东西采取反应。这个反应可以在内心里，比方说，你看到一样东西，心中生起喜欢或不喜欢都是行。……佛说行与受、想一样，不过是各种不同的心念罢了，这些心念总称为行蕴。行蕴有所谓的贪心、嗔心、善心、恶心……这些都有造作，内心对外境反应，它不是单一的，所以行蕴不是我。如果行是我，那你就能控制：你想要什么就想什么，要做什么就做什么，但实际上不是如此。"[2]

在我看来，行蕴就是"幻化造作义"。诸相轮转开始时，先是印象之碎片领纳进来（受），然后诸相开始进行重新组合引申

---

1 赖永海主编，陈秋平译注：《金刚经·心经》，中华书局，2013年，第126页。
2 广超法师：《般若波罗蜜多心经讲记》，见福建莆田广化寺编：《心经集注》（内刊准印），第89—90页。

（想），接下来诸相的碎片经过整合之后，就进入迁流幻化造作的漂移过程。分为内心视相的造作和外在的行动的造作（滋生业障）。无论内心的造作，还是外在的行动，都在不断地变化之中。通常我们感受到的"行"是漂移过程中"暂住"的行，而非幻化造作的行。但按佛法的意思，行蕴是因无明造成的惑业。心法四蕴中的行蕴，主要还是指心灵结构层面上的造作。当然，这种心灵结构中的造作也是一种空蕴，或者说是空蕴的一个层次。

心灵结构中由于行蕴的漂移轮转，初象（相）幻化为万象，万象（相）幻化为初相。心灵结构中行蕴之相的暂住，就是心灵结构的光晕（蕴）婆娑。

行蕴是一位在恐惧中漂移而时刻需要自我救赎的心王。

自我救赎，就是将万象（相）化为"诗相"，即将色蕴、受蕴、想蕴继续引申为万千空相的诗意表达。造作，是生命节律的必然波流。

我的《初春》组诗中有《小鱼的小河》一首可咏：

我在餐桌上吃小鱼永恒的花纹
故乡的小河在白昼吞食我的山峰

我在餐桌上吃小鱼咬住的死寂

故乡的河湾在夜晚咬住我的满月

慧能大师偈语云：

菩提本无树，明镜亦非台。
本来无一物，何处惹尘埃。

唐末五代高僧文益禅师有偈语云：

拥绒对芳丛，由来趣不同。
发从今日白，花是去年红。
艳冶随朝露，馨香逐晚风。
何须待零落，然后始知空。

识蕴，弘一法师说是："了别义。即了别外境、变出外境之本体。"本体，是了别的目的，但佛陀是不喜欢讨论本体，甚至是反对有本体存在之说的。本体即是本质，是个可怕的概念，人被席卷进去不能自拔。《俱舍论》说，心、意、识是一体的，识之蕴"随义建立种种名相"，"集起故名心，思量故名意，了别故名识"。小乘有"六识"（眼、耳、鼻、舌、身、意），大乘有

"八识"（眼、耳、鼻、舌、身、意、末那、阿赖耶）。末那识又称为"我识"，阿赖耶识又称为"种子识"。佛陀是不相信本体（本质）存在的，这是"缘起性空说"的关键。

识蕴是综合的认识能力和精神现象，它既分为各种感觉、知觉的层次，又在各种层次中轮转。有时候是整体的轮转，有时候是局部的轮转。识蕴犹如心灵结构的整体幻化，它在不同的点上被激活或被遮蔽，然后又去蔽、又激活。广超法师说："识就是能够知觉的心，它知觉外境，好像眼前所见，耳朵所听，心所想的，等等。能知觉的心分为很多层次，当心接触外境时，第一念生起知道的心，没有加任何语言称呼它，只了别外境，称为识。然后脑袋再分别、思维、分析，称为想，称为行。有人执着一觉醒来知道这个世间的是'我'，但佛说不是'我'，是'识蕴'。识蕴里有眼识、耳识、鼻识、舌识……它们是不一样的。"[1] 广超法师讲的是识蕴的初识，而事实上，识蕴从初始生发后一直在演绎绵延，生成各种层次、各种结构的识蕴。这一点，很多释经者并未看到。有一点是肯定的，在佛陀那里，并没有恒定不变的识，也没有诸蕴界限明确的划分。诸蕴划分而言之，是不可为而为之的言说。

---

[1] 广超法师：《般若波罗蜜多心经讲记》，第90页。

在我看来，识蕴无论有多少层次，主要还是某种观念在心灵结构中的构成。受、想、行、识四蕴，是感觉和感知系统从"初级"到"高级"，又从所谓的高级到所谓的初级的轮转漂移。在四蕴漂移的过程中，色蕴被裹挟进来，成为漂移轮转的一环。当然，这是从人类文明史的角度观察的。这一理论似乎是从感官的世界到知识和观念的世界轮转。理性主义认识论认为，观念的构成是知识的最高层级，此为柏拉图们的遗产。这是人类的"痴心"和"妄想"。从佛法的角度看，文明史即是人类力求参透世界真如的痴心妄念史。人类在文明史发展中放弃了自在自觉的初心，使人不加遏制地走向了非人。在佛陀那里，各种蕴的层次漂移并不存在高低之分，每一个蕴的漂移和暂住已在自足自在的时刻到达。

佛法的识蕴作为一种知觉，是警惕理性主义意义上的因果律。佛法的高妙之处，在于先天地反对西哲意义上的逻各斯主义。在佛陀那里，识蕴作为某种知识模式，是被"缘起性空说"逆向牵引着的。任何层次的识蕴都在空蕴中轮转，一个"缘起"蜂拥而至时，就转向、生成了另一个"缘起"。"缘起"是轮转的力量，它在自我轮转的时刻也在自我消解。因此，并没有逻各斯知识论层面上的因果律。

路德维希·维特根斯坦在1940年的笔记中写道：

担当,《山水墨稿册页》之二十五,纸本墨笔,17.5×23cm

因果观点的对人诱惑之处在于，它引导我们说："当然，这必然会如此发生。"然而，我们应该想到：它可能这样地发生，也可能以其他许多方式发生。[1]

后期维特根斯坦是彻底地反逻辑决定论暴力的，这一点，与佛陀的思-想异曲同工。从西方当代哲学的视野看，他们都是伟大的"反哲学家"。佛陀是反哲学的先行者，是语言漂移说的始祖，而我只是他的弟子。当然，我也是维特根斯坦的弟子。

在《金刚经》第十章中佛陀说：

是故，须菩提，诸菩萨摩诃萨应如是生清净心，不应住色生心，不应住声、香、味、触、法生心，应无所住而生其心。

"应无所住而生其心"，是一切般若经的核心命题。不透解这一佛法真谛，就不了解佛陀的思-想。在《金刚经》第十八章中又写道：

---

[1] ［奥］路德维希·维特根斯坦：《文化与价值》，第55页。

佛告须菩提："尔所国土中所有众生，若干种心如来悉知。何以故？如来说诸心皆为非心，是名为心。所以者何？须菩提，过去心不可得，现在心不可得，未来心不可得。"

心识四蕴音声相合——"出自幽谷，迁于乔木，嘤其鸣矣，求其友声"。可是，"过去心不可得，现在心不可得，未来心不可得"。夫复何言也。

佛陀如此泄露天机，如此悲怆，又如此平静而欢欣，我已经无话可说。

我振铎以歌，泪流满面。

十六　五蕴的漂移轮转

诸蕴中包含一蕴，一蕴中包含诸蕴。蕴是相互漂移、渗透着的，没有独立而恒常的蕴，只有在漂移中暂住的蕴。我们说五蕴之分是不可为而为之，是说我们的语言无法说出蕴之整体，只能勉强说出蕴之碎片，即暂住之幻相，因为没有蕴的整体。如果要假设一个整体的话，它就是身体，但身体亦非身体，因为每一个身体之蕴都是不同的，都处在漂移幻化之暂住时刻，即作为碎片显现的时刻。蕴之漂移如音声形色的漂移那样让人着迷而难以捉摸。

五蕴层级的构成，兹以云、雨试析之。歌中唱道："风中有朵雨做的云。""风"和"云"是"色"的显现，它们本身和你没有关系，你看到的时候就"领受"了它们，即在你的心灵里面被摄取了，云、雨进入了心灵的门槛，然后就漂移到了"想"的层次。当你再咏叹"一朵雨做的云"的时候，"行"就在造作，隐喻开始隐秘地显现幻化出来。但歌唱到此刻，还没有形成观念。

再唱到"云在风里伤透了心,滴滴全都是你",就到"识"的观念层次了。此刻,已经有"情"的观念生发。我们说一个人有情有义,是说他用"行动"分解、造作了情和义的观念。"滴滴全都是你","滴滴"指的是雨,这个"雨"也是泪的隐喻,就是"伤心"而又美丽的某种观念滋生。

观念的表达由概念构成。同一个概念,同一种语境,同一种事象,漂移到不同的层次,生成的"蕴"的内涵是不同的。有时候"相(象)"生成了简单的"蕴",这个"蕴"在印象直观的相的层次即"色"的构成层次就停止了;有时候,"蕴"直接呈现出了隐喻,到达了"识"的观念结构层。

从末那识(我识)的角度看,自然界的万事万物万象,全部都是空相。你能把一座山搬到你的脑子里吗?你搬进来的只是山的形象,而非山,犹如画家的涂鸦。你能让一条河注入你的心田吗?人像鱼一样,可以在河中游,但不知"河"为何物,即只能感知河的局部涌动。的确,注入你心田的,还是河的形象,或者说只是它流动的节奏和声息。所以从人与万物的关系来说,万事万物皆为空相。你无法获取实相,或者说只能获取实相的表象碎片。就像爱情,无法获取一个人的所有身蕴。你只能获取一个人的一些时光之蕴,以及一个人的一些行为之蕴的碎片。这就是说,你无法控制一个人的所思所想,包括你自己也在身蕴的开显中零落蹉跎。情感是一种想象，是诸相的合体漂移，你无法看见这条想象力的通道伸向何方，无法捕捉它的迷离流转。她和你在一起时，她可能存在于另一种语境或相的存在之中，你为此而苦恼而生发出种种执障。是的，她作为蕴一直在飘摇，你说她到底在哪里存在？如如而来？如如而去？如梦幻泡影？当然，她的肉体可能在你这里存在，但那身蕴、那灵魂诸相，是在星空还是在河底？所以说，肉体的存在和精神的存在，虚相和实相的存在，是一个巨大的虚妄。虚妄是难以捕捉之苦，我必须承担，必须化解为空蕴以自救。人通常存在于荒诞的镜像中，这是人之宿命。一个人，作为蕴相存在的一个人，精神的存在与肉体的存在，都是暂住的、迷移的存在。正是因了这种复杂性，才有了文学艺术造作之美蕴。存在的显现是一个个美轮美奂的蕴，它是凝聚，是舒散，是停顿和消散的交错。

有时候，"我"是一个末那识。存在是我，是我的无助。尽管证得正等正觉的佛陀不这样看。佛陀也并非随时处于空相漂移时刻，有时候也被"我识"（末那识）和"种子识"（阿赖耶识）困扰。因为佛陀是反对将自己圣神化的，佛陀是人间佛，平淡无奇，素朴真如，如来如去是也。

我们为什么喜欢看电影，那里面的爱恨情仇和我们有什么关系？电影不断地演绎，我们不断地看，跟着它的波澜壮阔不断地起伏。我们心甘情愿地被卷入画卷，似乎我们需要被卷走。两者之间的存在虽然没有必然的联系，但是你在这里坐着看，看到了银幕上荒诞而虚妄的世界，刚好跟你心灵里面虚构的世界达到了相映成趣、彼此同构的境地，因此你的心灵才会不断起伏，受到它的牵引。你认为电影荒诞，而你的心跟着它不停地起伏才是荒诞之荒诞。所以，我出版了一本书叫《荒诞而迷人的游戏》。这本书评论的是文学作品，写的却是人。人生就是荒诞而迷人的游戏，是万卷身蕴翻滚的梦幻泡影。

因此，色、受、想、行、识"五蕴"的立论，在我看来，是古往今来最伟大的诗学。

最伟大的艺术是非价值观创作（造作）的。

一个艺术家，若为价值观创作，比如虚构了真善美的某个高度和某种人格，那么他的作品就是为这种人格塑造和价值观去服务的。这当然是可以的，我们大部分的作品都是这种创作模式。这个系统叫文以载道，"文"是被利用的，"道"才是文创作的目的归属。一般的教科书都认为，我们为何要作文？就是要为"道"服务。但是，在佛陀看来，所有这些表达系统的努力，都是虚妄，都是自我执障。艺术家，你是为一个概念服务，还是为一堆观念服务呢？你是如何被席卷、被遮盖的呢？哦，我忘记了，你是心甘情愿想自我遮盖的，是心甘情愿地被席卷而到达

担当,《山水墨稿册页》之二十七,纸本墨笔,17.5×23cm

深渊的。对于大多数艺术而言,"我执"是如此美丽。艺术,是艺术家最大的执障。当然,要理解到这一点,是需要般若波罗蜜多的。

虽然"五蕴"是可以分开来讲的五种凝聚的方式,实际上这五蕴是连在一起的,它就是一个蕴,即"空蕴"。"五蕴皆空","五蕴"就是"空蕴"的五个分解、五瓣般若花。色、受、想、行、识,总体构成一个空蕴,但却不能不分解,因为空蕴之妙,在于分解之后诸蕴的轮转漂移、迷移呼应。这个思-想太伟大了。基督教思想,有一个整体的蕴即上帝,一个人格化的神;而佛法的总体思-想是"空"。"空"生妙有,妙有在轮转漂移、迁流不息。

佛法与佛教是不同的。在佛陀看来,佛陀自己和佛法都是空相,而佛教的"佛"是个人格神。佛和佛法与人平等,教人觉悟,而佛教的神则居高临下普度众生。在佛学里面,这个框架虚构了一个整体,就是"空"。这个"空"既是一个概念,也可以说是个非概念的空相。"空"即空蕴,在佛法里是个动词,不是一个"名相"。

把"空"和"色"结合起来的色空相、色空蕴,即假设有一个世界整体的设置——设置处于设置被消解为动词的色空蕴漂移的时刻。围绕这个设置,漂移着色、受、想、行、识诸蕴。诸蕴的漂移,即是对"世界整体"的消解、化开。

不同的理论"暂住"在不同的概念上,同时在暂住漂移的时刻被化开。比如现象学暂住在"色",接受美学暂住在"受",价值观写作暂住在了"想"和"识"……色、受、想、行、识围绕着"空"旋转,形成了"漂移说"之精髓。

小艺术家的创作是艺术概念的创作,中艺术家的创作是诗意我执的创作,大艺术家的创作是在诗意生发中反诗意的创作。

历史和文学的书写都是诗性书写。语言中没有实相真如,只有阐释中的实相真如。在语言中,本真的历史实相是不存在的,只有语言的本真实相,即只有基于语言的诸蕴的轮转漂移。所以,色、受、想、行、识"五蕴"是一个轮转漂移的语言系统。

弘一法师以如下图示,解五蕴轮转漂移:

由外境色……而感著种种受　　轮转

由种种受……而引起种种想　　生死

由种种想……而发起种种行

由种种行……而熏习内心之识　　循环

由内心之识……而变成外境之色　　不绝

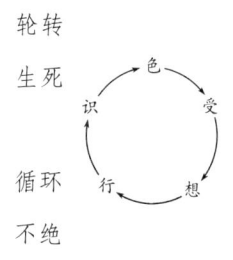

与弘一法师之解蕴略有不同。我认为,五蕴轮转漂移不仅

是单向度的，五蕴的旋转漂移应该是双向度或多向度的轮转。每一蕴都可能是轮转的开始，也可能是轮转的终结（相的开显和暂住）。进而言之，每一蕴都可能包含诸蕴；每一蕴都可能是诸蕴相互渗透暂住的一个"整体"、一个漂移的表象、一种外境或内识的碎片。如下图所示：

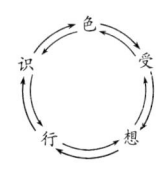

（色受想行识循环图）

时人高晓松作词、萨顶顶演唱的《万物生》，可以表达诸蕴轮转漂移的一个暂住时刻：

从前冬天冷呀夏天雨呀水呀
秋天远处传来你声音暖呀暖呀
你说那时屋后面有白茫茫茫雪呀
山谷里有金黄旗子在大风里飘呀
我看见山鹰在寂寞两条鱼上飞
两条鱼儿穿过海一样咸的河水
一片河水落下来遇见人们破碎
人们在行走身上落满山鹰的灰

万物生，是万物被看见、被感觉或知觉，同时也是万物之寂灭。生与灭的轮转，即是无常。这是心灵结构或曰精神世界中的真如常态。精神世界中的无常是常态，这是作为精神的人、语言的人、文化的人、诗意的人存在的真实。的确，真实是个空相，空相是无常之相。弘一法师如是释无常："若色真实不虚者，应常恒不变，但外境之色蕴，乃息息变动。山河大地因有沧海桑田之感。即我自身，今年去年，今月上月，今日昨日，所谓'我'者亦不相同。即我鼻中出入息，此一息我，非前一息我。后一息我，非此一息我。因于此一息中，我身已起无数变化。最显者，我全身之血，因此一呼吸遂变其性质成分、位置即工作也。若进言之，匪唯一息有此变化，即刹那刹那中亦悉尔也。既常常变化，故知是空。"[1] 五蕴轮转漂移，使那些敏感如丝如缕的心灵失去了恒常的归属感。因此，证得般若的人，是依靠想象力碎片的生灭之蕴而抵达远方的人。一个精神的人，先天是个"游子"。当然，所谓远方，也是个假设。人需要一个假设的远方之蕴自我泅渡和拯救。

1　李叔同、太虚法师:《李叔同解经》，陕西师范大学出版社，2008年，第24—25页。

十七　蕴借假名浪浪相逐

佛法是诗意生成之法门。诗意借"假名"而漂移。佛法、诗意之蕴，借假名浪浪相逐。在诗意中，假名即真如般若。借假名以修心灵，是不可为而为之的生命悲歌。所有源于生命的、伟大的诗意表达，都是"悲欣交集"的。我有一阕献给缪斯妹妹的《北斗》吟诵：

为了品尝缪斯妹妹银匙里的酸楚
一座高山在星辉下卷缩着发酵
它的旁边也蜷缩着一条长河，无比温顺

为了品尝缪斯妹妹洒在沧海里的蔚蓝
群峰在日出时呼啸不止，挂满血痕

"假名"与"假有"之义略同。《三论玄义》卷上云："因缘假有，目之为俗。然假有不可言其定有，假有不可言其定无。"

从佛法来看，所有相，包括身体都是假名。比如佛的弟子舍利子，也是个假名，是五蕴聚散的理体——所谓理体也只是"暂住"之相。

佛法理体凝聚了诸法，诸法即万法、所有法。"诸法空相"，就是通过五蕴铺陈开来的所有法或理体都是"空相"。讲到"空相"，在我们的脑子里，立即会闪现出"实相"这个概念。《心经》的思-想认为，"实相"亦是"空相"。

色、受、想、行、识五蕴，当然是与"实相"有关的。如果不与"实相"有关，我们就不能讲五蕴。佛法借实相以言空。"色"是"实相"，它是物质、事物或事物存在的状态，也包括我们的身体的存在。我们可以通过感觉、知觉系统去把握和统摄万物，想象万物如何显现。但是，在《心经》里，佛陀说"诸法空相"，似乎就矛盾了。这是许多人最纠结的。事实上，佛陀在讲到"诸法空相"的时候，已经"假设"了"实相"存在，不然，佛陀就真的像教科书里讲的，是个唯心主义者了。"假设"实相的存在是至关重要的。佛陀超越了"唯心"和"唯物"二元划分，就在于他"假设"了心灵结构中实相的存在。但这一存在，并非自然、生活和身体的实相存在，而是某种语言、某个身体、某种概念或观察角度、方法的存在。这就是心灵结构中诸蕴存在的真实,也是存在在语言中构成的真理。

佛法的思-想具有恒久的"当代性"意-义。佛陀修觉的思-想要解决的心灵结构中的非观念执障、非文化制造的问题,与维特根斯坦的伟大抱负相仿。阿兰·巴丢(Alain Badiou)在《维特根斯坦的反哲学》一书中写道:

> 维特根斯坦的本体论建构是在"可显现的"(ce qui est)与"可说的"(ce qui est dit)之间的紧迫的往复运动中进行的,这正适合于他所追寻的目标:反对科学命题的制约空间,发掘仅仅自我呈现却不可言说的神秘元素的价值。无疑,存在的主题与命题的主题之间,有一种镜像性质的联系。这个联系包含在作为公理而被引入的图像概念当中:"我们给我们自己绘制事实的图像。"[T. 2. 1]这些图像是关乎语言的。但是,最终时刻没有出现在图像中的东西才是更"高层的",具有真正的价值。存在最"真"之点并不在镜像关系——世界与语言的本体论在这种关系中构建——中被捕获,获得这个最"真"之点的地方,是"某物"(确切地说并不是物)作为一种关系的剩余(reste)出现之外。……"剩余"这一观念存在于所有的反哲学当中。……于是,对于尼采,生命就在于所有评估记录之余。正如对于帕斯卡而言,

爱（Charité）完全抽离于理性秩序；而对于卢梭，就是启蒙布道之余的良知之声；对于克尔恺郭尔，就是黑格尔合题之余的生存。而对于拉康，我们知道这是享乐和与享乐相拥的物（la Chose），是哲学家不想也不能认识的。[1]

这里所说的"本体论"，只是语言表达层面上使用的一个辞藻，而非世界存在之本质性的那种"本体"。在我看来，"本体"也是个"假名"。

那么，实相是如何转化为空相的呢？即"色"的存在，如何转化成空？回答是——用"假名"进行转化。"假名"在"可显现的"与"可说的"之间漂移，形成表达的通途。"假名"循环往复地漂移，与所有的"显现者"和"言说者"摩擦，生成意-义，生成神秘的诗意，生成心灵，磨亮或撞碎各种语言之物（确切地说并不是物）。阿兰·巴丢又在《维特根斯坦的语言》一文中写道：

> 哲学的教学目的结合着一种总是被数学所吸引的句法和

---

[1] ［法］阿兰·巴丢（又译为巴迪欧）:《维特根斯坦的反哲学》，第41—42页。Reste，这个法语词，既可译为"剩余"，也可以译为"余留"。

一种总是被神秘诗歌所吸引的句意。它希望从同一个运动当中，既得到晶体的单一性，又得到绝对的歧义性。[1]

一切，都是表达无端的努力碰触。"假名"作为语词，在"单一性"与"歧义性"之间突围。

没有假设之假名的存在，就不能将实相转化为空相。正如柏拉图，如果他没有假设一个理念（恒定本体）的存在，就没有他的哲学——尽管在我看来，他的理念（理式），也是假设的一个假名——这一点柏拉图是清楚的，但他不愿意说出来（参见《理想国》）。

可有一点必须指出，诸蕴在轮转漂移中，不仅仅有"色"的种种实相之假名，受、想、行、识四蕴里，也有实相之假名。如果不靠假名在五蕴中轮转，或者说，五蕴如果不靠假名轮转，那么心灵结构的存在只能是一片死寂。作为蕴之凝聚的心灵结构，靠假名在轮转漂移、风行幻化，这是一个事实。说得绝对一点，心灵结构的那种种蕴的轮转漂移，就是我们的生命征象。

假名是如何存在的？如何成为实相向空相转化的路径？佛法

---

1 ［法］阿兰·巴丢:《维特根斯坦的反哲学》，第103页。巴丢认为，哲学的"母语"是"课程"，即宣讲，而非一堆句法的书写。所以引文中用"教学"一词。

担当,《千峰寒色》之十,山水诗文册页,纸本墨笔,22.9×34.5cm

担当,《千峰寒色》之十,局部

说"缘起性空",就是说万事万物的存在,五蕴的分解迁流,都是人的感觉感知系统中的因缘际会。说得直接点,蕴是缘的显明。缘的存在既是实相的存在,也是空相的存在,而无论是实相的存在还是空相的存在,一旦被作为因缘的存在,就化成了假名的存在。因缘结构,是假名之蕴的结构,亦是心灵结构。佛陀没有如是阐述他的思-想,但他的思-想里包含这一层意-义。

还有一点必须说明,蕴之因缘际会,可能有局部因素的必然,也可能纯属偶然。"缘起性空说"的思-想里,没有恒久的必然,也没有决定论意义上的偶然。"缘起性空说"既不是必然的决定论,也不是偶然的决定论。

蕴是无端的缘,缘是妙有的蕴。

从西哲的理性视觉看,佛法里没有真理的概念,因为真理是稳定的知识。在佛法里,稳定的知识可能是一种执障。执障是不能漂移的,它们是生命的诟与病。在佛法里,一切都是缘的聚散。也许缘到了,就聚了;缘散了,也就散了。生命如是,色身也如此。借此而言,"诸法空相"之"空",是说根本就不存在稳定不变的实相,在心灵结构中只有假名,或曰假名之蕴。

或有人解"空"为绝对之"空",非也。"空"不是"无",而是蕴之聚散过程中的"暂住"之空。我之所谓"空",是一个动词,而"暂住"是妙有,它们都是假名。想到这一点,就有了

"悲欣交集"之感。觉悟既是欢喜，也是苦。因为，"暂住"是在聚散时刻的煦光闪现。缘聚的时候就暂住，缘散的时候就解体。这是生命的欢欣，也是悲歌。

是故，作为精神的生命，是一堆"梦幻泡影"（《金刚经》）。但那一堆堆"梦幻泡影"却不是虚无的存在。很多人讲佛法，认为佛法是悲观主义的。但在我看来，佛法恰恰是生命存在的、伟大的"欢喜思"。当你觉悟到世间的一切都是缘起性空之蕴，你的心中将如万壑春风，芝兰万顷，风标而起，摇曳而过。佛法作为一种解决精神存在问题的方法，为人破除执障，使生命拥抱清净，是对生命最大的悲悯和爱。

"不生不灭，不垢不净，不增不减"，我以为，讲的是假名空相的"不生不灭，不垢不净，不增不减"。在"缘起性空"的诸蕴变化状态里，不存在实相的"生"和"灭"，它以假名之相超越了"生"和"灭"，也超越了"垢"和"净"、"增"和"减"。"不生不灭"是存在的状态；"不垢不净"是价值评判与关怀；"不增不减"是数量和程度上的变化。但这一切，都是假名之空相。

当然，像云之聚散一样，假名之相的聚散也有内在的力量。不过，蕴之聚散，总是恰到好处的一种力之平衡。犹如云悬于空，不会落下。云之重，刚好悬于空，飘于空；犹如地球和太阳，在空的轮转中获得平衡之高悬。一个存在，刚好达到力量平衡的时候，是不会感觉到重量的。就像一个健康的人，是不会感觉到身体之重量的，但一个病人，就会感到举步维艰。力量的平衡空悬，是一种自性，我们通过假名之相言说这种自性，而言说是背离实相的漂移。

万物空相，在于万物的自性之被洞见、之化为假名。万物既有自性，怎么能说万物空相呢？万物若无自性，万物又如何是万物呢？自性就是万物存在的样子，却非本质。即便万物的存在都有一个本质，我们也只能像路德维希·维特根斯坦一样，保持沉默。因为我们只能靠假名认识世界，而那个沉默且混沌的"世界本质"并非假名，却跨出了言说的界限。我们在讨论世界的所谓本质，犹如一个人肚子里的蛔虫在讨论这个被虚构的人。或许蛔虫的确有权力讨论那个叫人的存在，它们可以假设一个"人"的概念，但它们不可能看见这个"人"。这就是人在自然之中的境遇。靠假设的概念去讨论一个"整体"、一种本质，是无意义且可笑的。

佛法的伟大，正在于它时刻警惕着人向着"非人"的蜕变。

佛法反对佛法。处于非本质自性状态的事物之自性的开显，是一种原初统摄、一种非法即法的统摄，是第一次看见的纯净思-想。自性不同，是诸相之间根本性的不同。犹如人和猪的自性之巨大差异，但猪与人的基因构成则是基本相同的。

自性之异，不仅仅是名相之异。自性是一种存在的机缘。

万相之自性生出无限多的假名，形成各种形式和样态的蕴在心灵结构中被认知。

在"欢喜思"绽放的时刻，假名漂移而至，或被抹去。

所有佛法之蕴、诗意之蕴，借假名浪浪相逐，如来——如去。

十八　假设有一颗心漂移无碍

"心经",就是"心蕴"。万念俱空,生发诗意妙有。

佛法思想是旷古诗学,佛经是一卷卷心灵史诗。诗歌之迷离如梦幻泡影,正在于每一首诗都假设了一颗心或无数颗心的存在,让诗意在心中生成,然后穿越所有的心,顾盼所有的心。我有一阕《春水》咏叹:

> 春水咕咕,在谷仓中喧嚣,掏空了谷仓
> 水磨吱吱,在旷野中哀怨,顶着瓦房移动
> 石头与水永远在争执,是冷却还是奔流
> 石头,为什么堆到了云层,壁立千仞
> 春水,为什么摇着千万艘船,千万个空洞

心灵本空。我、你、他,我们、你们、他们,都是一个个、一组组的心灵空洞。蕴在心灵空洞中穿梭,以生成诗歌,生成具

体的心灵结构。

心灵本空。万念在"空"中漂移迁流。我们首先明确了一个人的存在，然后再假设一颗心的存在。有时候，一个人也需要假设。笛卡尔说："我思故我在。"

但当我们讲到一个人的时候，这个人其实只是一个抽象的人、一个概念。对于其他人来说，每个人都只是一个抽象的人、一个概念云尔。假设一颗心，就是要让那颗心里充满内涵。一颗心或无限多的心中的内涵就是"蕴"。假设一颗心，就是使某种"蕴"漂入心中，使"心"确立。有"蕴"漂移的心，才是可靠的心，人有一颗心被观照，才是一个可靠的人。这是人之为人的出发点。这个出发点可以相信、可以假设，也可以怀疑。

一个人活着，即有一颗假设的心（或者相信的心），有无限多漂移的蕴在心中生成。

孤独，是对通往一颗心存在之路径的怀疑，也是对一颗心存在真实性的顾盼。人们经常会问，你的心是真的吗？要看到一颗真心的存在是很困难的。

人们用各种各样的理论或逻辑归纳、演绎方式，以贴着思维运行的逻辑归纳、演绎路径，去证明一颗心的存在。"她是爱我的"，当你讲出这个命题的时候，你是非常确定地说出来的吗？还是说出来的时候有所保留？我敢肯定大多数时候，问的人是有所保留的。这是因为"蕴"的漂移难以确定。同一句话"你是我的爱",可以用"。""?"和"!"三个标点符号结句。三个标点符号,隐含着通往一颗心的三条道路。你天生要往一颗心里注入蕴,以感悟到心的存在。比如说,道德尺度,对一个人存在的真实性的各种各样的判断;比如,一个男人往"我爱她"的命题中,注入她是否纯洁、是否善良、是否勤劳等各种各样的蕴。注入的每种蕴,都是通往一颗心的一个途径。所以,通往一颗心是难的。

通往一颗心的路径是无限多的,不同的人通往一颗心的路径不同,注入的蕴也不同。

心中的蕴未必为真,但语言的表达式可以为真。语言表达式的真与蕴的真合一,蕴就显现了它的纯粹真值。纯粹的蕴,不一定指向生活或实在的真实,它有可能是想象力虚构的真实。英国农民诗人彭斯有诗句——"我的心呀在高原/高原上有我的心"。高原上怎么会有他的心呢?那是他的想象力虚构的一颗心。彭斯的那颗心的真实性,在于我们对他的心中纯粹之蕴的相信。

相信,使纯粹之蕴漂移。相信,是一种信念。比如"我爱她"这个蕴,需要相信这种信念来确立。

有时候,相信一颗心,就是相信一个梦,相信一个世界。

"眼、耳、鼻、舌、身、意"六根,是蕴的六个通途;"色、身、香、味、触、法"六尘,是蕴的六种显现图式或行为;"眼识、耳识、鼻识、舌识、身识、意识"六识,是蕴的六种造作或深度观照;由六根、六尘、六识组成了十八界,是蕴的十八个漂移运行的范畴。每一个范畴虽清晰可观,但也被其他范畴的蕴渗透进去,紧紧地咬住,像风暴之蕴与旗帜之蕴、大海之蕴与航行之蕴、船队之蕴与灯塔之蕴。

一个梦的嘴唇咬住另一个梦的嘴唇,仿佛两颗心、两朵花的驱使。

"六根"是人之为人先天的设定,这种设定确定了人进入世界和面向世界的存在,但其存在并非自然之本质存在,自然之本质存在是什么,人并不知道,因为人作为"在世界之中"的一种"缘起",已经被划定在"人"的范畴之内;"六尘"是人之为人能够感觉、感知的六种相、六种"障碍",也就是存在着的、漂移着的六种"尘埃"——与人分别而在的虚妄;"六识",是六种行为、六种人之为人的行动,因有此行动而能感觉、感知世界存在的样式或样态,分别出蕴的不同范畴——各种人自以为真的虚妄;"十八界"是十八种蕴的凝聚,十八种蕴的凝聚是十八种通往存在的开显形态,从这十八种蕴分解、生成、幻化出无数种蕴——万千种蕴也在漂移迁流回归十八种蕴。

万千种蕴引领着我飞翔,而我却往往在原地不能动弹。我,作为存在，是一个宿命。

十八界凝聚为一颗心和无数颗心。蕴在每一颗心中漂移，如云在空中幻化成各种图样。心，也是一个个蕴，蕴在蕴中漂移，蕴在蕴外漂移。

《金刚经》云："应无所住而生其心。"《维摩诘经》云："从无住本立一切法。"佛经中这些伟大的命题，都说明一颗心或无数颗心、真心或伪心的存在，都要以假设为出发点，即不能以凝固的、恒常不变的心为出发点。因为没有凝固的、恒常不变的心存在。

随缘而言之：《金刚经》即《能断金刚般若波罗蜜经》；"金刚"是个比喻，喻本是坚硬无比的金刚石；世人只知道金刚石喻坚硬，而鲜有人领悟到它因明亮亦喻柔美；"金刚"是坚硬与柔美同体的化身，此乃佛陀的化身，亦是世间最高贵、最澄澈透亮、无蔽无碍之心灵的化身。

心、法、蕴的存在是一体的。英雄义、儿女情，此时在我心中开放，蕴出一株空谷幽兰。

由于心、法、蕴的存在处于"无住""无本"的境地，因此，从漂移说的角度看，所有蕴都是"无"。"无"就是"无住""无本"的存在真如。《心经》以一个"无"字即推开了"我执"的重重障碍，古往今来的文本，从来没有如此坚定、果敢、气韵恢宏的表达：

> 是故空中无色，无受想行识，无眼耳鼻舌身意，无色声香味触法，无眼界，乃至无意识界。无无明，亦无无明尽，乃至无老死，亦无老死尽。无苦集灭道，无智亦无得，以无所得故。

"无"不仅推开了"六根""六尘""六识""十八界"，还推开了"十二因缘""四圣谛"之所有概念、所有蕴。"无"，是浩渺无垠的辽阔。这样的决断，这样的文笔，怎能不让人捶胸顿足、嗟叹不已。

当然，"无"并非什么都没有。"无"是一个概念，也是一个动词。"无"可以作为一个动词替换为"空"。我们假设一颗心的存在，这种假设，其前提就是"空"作为蕴或假名的存在。心、法、蕴、相、空、无，都是假名。假名在假名中存在。假名与假名既相互碰触，又相映成趣。

在语言运动中，唯有假名为真，就像伟大的音乐只有推开"空"的节奏连环。

比尔·波特写道："禅宗二祖慧可当年对菩提达摩祖师说，他无法做到息心止念，需要祖师的帮助。达摩回答说：'把你的心拿来，我帮你息心止念。'慧可愣住了，他默然半晌，说：'我找来找去，都没找到我那颗心。'于是达摩说道：'如果找到还能

担当，《山水人物册页》之一，金笺墨笔，50.8×33.2cm

是你的心吗？既然如此，便是你已经安心了。'（参见《祖堂集》卷二）在空性的观照下，观自在菩萨说'无眼耳鼻舌身意'，但这并不是说我们没有眼睛，而是说眼睛并非独立可靠的实在之物，它只是我们为了方便言说而取的假名。"[1]

当然，一颗心虽然是个空相，但它有感觉、感知能力，这种能力就是生命力。生命力的表达、确证需要假名的帮助，正像一口钟的存在，既需要"空"的帮助，也需要它发出的声音和它的型的帮助。生命力的自性本空，它需要假名方能漂移起来。心、法、无、空诸蕴的"漂移"就是存在的真相，但存在作为"暂住"需要概念（假名）的出场。使用"假名"，不是为了拥有它，而是为了扔掉它。

路德维希·维特根斯坦说：

> 我的命题应当是以如下方式来起阐明作用的：任何理解我的人，当他用这些命题为梯级而超越了它们时，就会终于认识到它们是无意义的。（可以说，在登上高处之后他必须把梯子扔掉。）

---

[1] ［美］比尔·波特：《心经解读》，第129页。

他必须超越这些命题，然后他就会正确看待世界。（T6.54）[1]

歌中唱到："我将真心赋予了你/将孤独留给我自己。""真心"和"孤独"，是两座蕴之桥。歌唱，是为了拆除这两座"桥"。

曹孟德《短歌行·对酒当歌》诗句可以倾诉我此时心情：

明明如月，何时可掇？忧从中来，不可断绝。

心中有"情执"之蕴，也是美的。但可怜的人深谙，情执亦诗意也。

---

[1] ［奥］路德维希·维特根斯坦:《逻辑哲学论》，贺绍甲译，商务印书馆，1996年，第105页。

十九　十二因缘、四圣谛
轮转为"那个人"

我的《中甸》组诗中,有一首名之曰《那个人》:

那个人来自豹子滚烫的眼窝,骡马摇晃的驮子
那个人在高原上让树桩守着树桩,藤条缠着藤条
那个人给牛羊留下了一个栅口,两根滚圆的门杠
那个人给白日准备好一条小路,几个山坳的石头
那个人给夜晚准备好一个门臼,满天星斗的悔恨
那个人被春风栽在牛粪里重新哺育,让青蒿长过头顶

"那个人"是谁并不重要,重要的是每个人都可能是"那个人"。每个人都是因缘轮转的人,否则人就只是一个概念。但人之为人,又需要用一些概念去分解、阐释,注入具体的蕴,使抽象的人变得清晰可观。说到底,十二因缘、四圣谛,也都是一些概念。当佛法陷入语言表达的局中之时,概念小心翼翼地被使

用,并在反概念的行动中被放弃,就成了佛法表达系统的头等大事。这就是《金刚经》所谓"是佛法即非佛法"的要义。

"那个人"可能是佛陀,也可能是我;可能是一枝花,也可能是一簇光芒的银牙。

"那个人"是所有物与事的形色、情与义的音声,是爱的确证与恨的消解。

十二因缘和四圣谛筑成"那个人"心中的一座座花园。

十二因缘即:"无明、行、识、名色、六入、触、受、爱、取、有、生、老死。"元亨寺版《律藏·大品·第一大犍度一》云:

> 无明缘行,行缘识,识缘名色,名色缘六处,六处缘触,触缘受,受缘爱,爱缘取,取缘有,有缘生,生缘老、死、愁、忧、悲、苦、恼。

《心经》的阐释者比如弘一法师等多认为,"无明、行"是过去所做之因,"识、名色、六入、触、受"是现在所受之果;"爱、取、有"是现在所做之因,而"生、老死"是未来所受之果。这是佛法自身编织的因缘链系统,或许与"那个人"有关,或许无关。

佛法的阐释者讲过去、现在、未来，那是一种线性的时序观念，其实，在我最心仪的佛法（非佛教）中，因缘轮转并非按线性的时序漂移迁流。十二因缘作为十二种蕴（蕴中还包含蕴，比如六入之中就有眼、耳、鼻、舌、身、意诸蕴），每一种蕴都可能是因缘轮转的一个"起点"（凝聚点），也可能是因缘轮转的一个"终点"（寂灭点）。

十二因缘是十二扇门，或曰十二个门槛。

同样，四圣谛——"苦、集、灭、道"，也是四个门或门槛。作为"行动的人"应该有门或门槛进出。所谓"进"和"出"，即佛法中的入世法（缘起）和出世法（寂灭、还灭）。弘一法师阐释说，苦谛是生死报的世间苦果，集谛是烦恼业的世间苦因；灭谛是涅槃果的世间乐果，道谛是菩提道的出世间乐因。也就是说，苦谛与集谛，在世间流转；灭谛和道谛，在出世间还灭。弘一法师又说："若行般若者，世间及出世间法皆空，故经云：'无苦集灭道。'"

正如我们阐释十二因缘一样，窃以为佛陀最初说法时讨论的"四谛"，每一谛亦可视为出入世间门槛的"起点"（缘起凝聚），也可以视为出世间门槛的"终点"（缘灭消散）。

十二因缘和四谛，都是"那个人"生命轮转的因缘。佛法阐明了因缘轮转的路径，似乎将一个人或所有人困在了因缘轮转之系统中，这是佛陀最不愿意看到的。事实上，《心经》和《金刚经》对佛法不可为而言之的反省，也包括对因缘链系统的反省。

是故窃以为，任何对因果链的阐释，都应该慎之又慎。不过，佛法的阐释，已经是语言运动最节制、最谨慎的阐释，也是对一个人的世间存在最单纯、最悲智的观照。因为若将因缘链条的阐释视之为真，那么，佛法就是个学院派的概念演绎系统，但在我看来，佛法之伟大，恰恰在于它是非学院派的，是反逻辑演绎、反概念的。

因此，我们可以看到，佛法不得不建构一些概念，比如十二因缘、四圣谛，但又在吟诵过程中将其消解、抹去，使概念在使用之时就已经取缔，是故《心经》说：

> 无无明，亦无无明尽，乃至无老死，亦无老死尽。无苦集灭道。无智亦无得，以无所得故。

这就是说，佛法的因缘聚散，在一个蕴（可能是一个概念）生成时，就完成了该蕴自身的轮转，缘聚缘散为空，是为"缘起性空""性空缘起"。因之，在"那个人"的心中，妙有丛生，念念不绝，却空空如也。

春风已过冈，万物已复苏，而同时也酝酿着枯寂。可最为悲智的是,"那个人"是找不到的,可佛陀引领着我们努力地寻找。佛陀引领我们寻找"那个人",将失败蕴成欢喜。这就是弘一法师圆寂时留下的"悲欣交集"那个千古之蕴。

我也一直在寻找"那个人",这是佛陀对我的秘传之义。

又说轮转之偶然。说到底,十二因缘和四谛的轮转,是人的心灵结构的轮转,即人的精神存在的诸相(蕴)的轮转。因缘轮转在一个人的身上时刻都在进行着,轮转的缘起和寂灭看似有着因果的必然,其实都是偶然的。因为缘起既可能从"因"开始,也可能从"果"开始,"因"与"果"随时都在互换位置,即互为因果力道生成的源泉。有时候,因与果就是同一个蕴的不同阐释,从一个角度观照是因,从另一个角度观照可能就是果。

因果链,是扑朔迷离的诸蕴碎片。

人的精神世界由一系列的蕴和漂移迁流着的蕴之碎片构成。生活里充满着偶然,这种偶然性在心灵结构中就是诸蕴的碎片。

偶然,就是"那个人"的存在。偶然的机缘一旦被激活,就建立了某一个因果关系,因为因果关系是无根的(根也在漂移迁流),所以,因果本身也是空相。佛法将人和万物的自性预设为空相,因果本身自然也是空相。

"那个人"是个漂移着偶然之蕴的空相。

因果可能随时会寂灭,轮转为别的因果,就如同明与暗在视相中的轮替。

要有因缘条件的聚合,才有因果,换句话说,偶然紧紧地咬着必然。偶然和必然互相撕咬,从不停息。

偶然登场,即是缘起。所谓"缘起","起"就是生发。条件一旦具备,缘就生发了,因果链就建立起来。到了下一个阶段,就进入到了另外一个因果链,前面的因果链就寂灭了。自然界的万事万物的变化无不如此。

偶然无端登场,犹如"那个人"无端地存在于世。

所谓因果漂移、迁流,是在偶然性存在之被激活的瞬间进入到某一通途的。任何途径随时在聚散中建构或抹去。比如十二因缘,讲的就是十二种可能产生因缘流传的门槛和途径。可是,绝不是说所有的因果关系都是在这十二条途径中规定好的。十二条途径,或四谛的四条途径,只是佛法举出来的例子。任何言说,都只是因果链可能轮转的例证,而非全部事实。没有完整的世间因果,也没有完整的出世间因果。佛法中没有整体的、不变的人格神。东方佛学和西方神学在此彻底分道扬镳。

虽然缘起法的"缘起性空"(无端缘起)是因果链的核心,但是对于人的精神存在来说,因果流转关系并不一定是空的,它极有可能是实相的轮转。人一旦"相信"空相的存在,空相就变成了实相。实相和空相之间,是相辅相成的因果链。因为在佛陀看来，没有绝对的实相，也没有绝对的空相，只有因缘流转的蕴。

实相和空相无端地相互撕咬、相互融解。"那个人"既是个空相，也是个实相，他自我生成，又自我撕咬、融解。

的确，"那个人"已经来到世上。由于因缘流转是在"那个人"存在的偶然性中、在某种蕴被激活之后建立的一个个途径的流转，所以，任何因缘流转本身不是绝对的、永恒的、规律性的，而是因缘性的、无端的、偶然的。

偶然，即是无常；"那个人"的存在是无常。佛法讲的因缘流转和我们平时讲的逻辑演绎关系完全不同，正在于"无常"和"有常"之分。凯伦·阿姆斯特朗说：

> 缘起法里所用的词语非常隐晦。例如，"名色"在巴利语里是"人"的意思，而"识"并不是指人的整体思想和感觉，而是某种细微的物质，濒死的人最后的念头或冲动，取决于他的生命里所有的业果。

> 在缘起法里，并没有固定不变的实体。缘起的每一支都依存于另一支，并且直接产生其他支。这是"变"的最完美表现，佛陀认为这是人类生命不可避免的事实。我们总是试

担当,《千峰寒色》之十一,山水诗文册页,纸本墨笔,22.9×34.5cm

担当,《千峰寒色》之十一,局部

着要有所不同,渴望新的存在模式,的确无法长久维持在某个状态里。每个"行"都会引来下一个"行",每个状态都只是另一个状态的前奏。因此,生命里没有什么是恒常不变的。人应该被视为历程,而不是不变的实体。当比丘以瑜伽术观想缘起法,专注于每个念头和感觉的生起和消失时,他便"亲证"到这个真理,即没有任何事物是相互依存的,一切都是无常。这会迫使他加倍努力从这个无尽因果之链中解脱出来。[1]

"人应该被视为历程",即应该被视为各种生命中偶有之蕴的迁流漂移。这就是"那个人"的命运,是我的命运,也是浸入我的内心的佛陀的命运。"那个人"跨越千万年凝聚为一个人真实的蕴;"那个人"来到我们的生活中泅渡你我;"那个人"是"看"或"被看见"的、念念不绝的诗意轮转;"那个人"和着五蕴、十二因缘、四圣谛的节奏,和着时空开显中万卷辞章的咒语准时到达;"那个人"挣脱了所有"我执"羁绊,达到了身心和合的行动自由。我有一阕《一千年后》吟诵,将我从万物风华、万念滔滔的大千世界中引领而出:

---

[1] [英]凯伦·阿姆斯特朗:《佛陀》,第115—117页。

一千年后，秧苗到达山尖，石头依了翡翠
你，缪斯妹妹，还在一个蹉跎梦中停泊
而我，也在故乡，与耕牛畅饮一条长河
喧闹的波光，纷纷来潮，打碎杯盏
千年追随着妹妹的光坠啊，挂满饮者心房
千年喷着鼻息的坐骑啊，从林中奔出
千年锁着铁的鹰隼，让我放飞天下

二十　涅槃蕴与咒语流

涅槃（*nirvana*），玄奘法师译为圆寂。其原义是火焰熄灭，后引申为修行的境界到达觉悟秘境的状态。在那种状态中，贪嗔痴都荡涤清净，任何执障都破除，人得以解脱。

在大乘佛教中，修到涅槃之境的人，意味着要积极进取地救度众生。这即是说，大乘佛是人间佛，大乘菩萨是人间菩萨。比尔·波特写道："涅槃是最后的妄境。许多大乘经典都孜孜不倦地强调这一点。修行菩萨道不仅不是为了证得涅槃，甚至还要避免证得涅槃，因为菩萨道的目标是救度众生。在《二万五千颂般若经》里，佛陀就对弟子说，虽然菩萨要度众生入涅槃，但涅槃境其实是'如幻如梦'的。《妙法莲华经·方便品第二》中，佛陀亦告诉舍利子及其他诸位声闻漏尽阿罗汉说：涅槃只是佛陀为方便说法而设定的果位，并非究竟佛果。"[1]

---

1 ［美］比尔·波特：《心经解读》，第167—168页。

在佛陀的思-想中，涅槃是"为方便说法而设定的果位"这一点非常重要。也就是说，涅槃是修行的一种境界、一个过程，而非具体的目的。进一步说，涅槃也是一个动词、一个沿着菩萨道漂移迁流着的蕴。所谓"果位"，就是涅槃蕴的"暂住"之境，犹如彩虹之美，亦如霞光丽天。美就是美的到达，而无任何目的。"暂住"美轮美奂的境界，也在变幻之中自我流溢。涅槃境界，只是一个人的修为抵达的世界和人存在的真实相。

涅槃的真实相之境，可以说是人的真实相的回归，回归一颗真心。陶渊明撰《归去来兮辞》，呵护自己的真心回归时咏叹：

> 归去来兮，田园将芜，胡不归？既自以心为形役，奚惆怅而独悲？悟已往之不谏，知来者之可追。实迷途其未远，觉今是而昨非。舟遥遥以轻飏，风飘飘而吹衣。问征夫以前路，恨晨光之熹微。

《心经》如此吟诵："菩提萨埵，依般若波罗蜜多故，心无挂碍，无挂碍故，无有恐怖，远离颠倒梦想，究竟涅槃。"远离，就是回归心灵的童真之境。如果"童真"是人存在的真如之境，那么，人生的过程从"童真"出发画了一个圆之后，才又要努力回到"童真"去。"童真"蕴之境界,是一种澄澈清净的境界,是"无住"的"暂住",是假设中渴望着的一个"空香"的果位,如八月桂花之心香而非桂花。《金刚经·庄严净土分第十》颂出了此经的核心思-想:

> 是故,须菩提,诸菩萨摩诃萨应如是生清净心,不应住色生心,不应住声、香、味、触、法生心,应无所住而生其心。

抵达涅槃果位之境的途径有无限多条,一滴热泪、一株芳草、一枚果实,都可能是一条道路。事物在心灵的颂歌中,都处在涅槃蕴生生不息的果位上,犹如自我在品味珍尝。比如《诗经》之《芣苢》,就是一阕欢喜珍尝:

> 采采芣苢,薄言采之。
> 采采芣苢,薄言有之。
> 采采芣苢,薄言掇之。
> 采采芣苢,薄言捋之。
> 采采芣苢,薄言袺之。
> 采采芣苢,薄言襭之。

担当，《千峰寒色》之十四，山水诗文册页，纸本墨笔，22.9×34.5cm

担当,《千峰寒色》之十六,山水诗文册页,纸本墨笔,22.9×34.5cm

是故，在我看来，涅槃作为动词，只有在人与物精神会通的诗意中穿越，才能确证涅槃的果位，才能浸润修行者的心灵。有人说："禅是一枝花。"我说："涅槃是一枝花。"佛陀在众弟子前拈花微笑，即可证实无以言表的心灵之香。佛陀是伟大的诗人，他的心中自然、自在流溢着的饱满诗意，就是他自身。在我看来，涅槃不是生死寂灭，而是身体书写的诗意绽放。在生命书写诗意的时刻，物我的诗意绽放不二法门，是为涅槃法门。我有一阕《丁香的喇叭》，书写着物我不二法门的涅槃之蕴：

丁香的喇叭花在夕阳下渐渐变冷
同时变冷的还有水牛背上仙鹤的位置
缪斯妹妹，你的玛瑙红得像天堂的烙铁

丁香的喇叭声在夕阳下渐渐远去
同时远去的还有水牛背后苍老的拂尘
缪斯妹妹，你的歌像圆月步上天堂的阶梯

缪斯妹妹是一枝花，她是我的涅槃果位。

呼唤缪斯妹妹，呼唤着，需要无端铺陈的比喻流，比喻流仿佛咒语流一样流淌。三千弱水，万卷辞章，皆是咒语流的流连观照。万事万物,芝兰芳蕙,都在帮助人修行,以证得涅槃。在涅槃果位上,空相亦是实相,反之亦然,恰似花有容、月有貌,花容月貌均为语言幻境的涅槃心灵。

缪斯妹妹是一枝花,她是我的馨香果位。她在我的心灵结构中,幻化成馨香蕴之流,犹如突如其来的情愫裹挟着音声形色漂移。

心灵之蕴在漂移迁流时,蕴成咒语流,是波纹与波纹的无端相从。

缪斯妹妹在馨香果位上的音声形色,就是咒语流。

咒语流是语言的光华。《心经》的吟诵,使咒语流运行无碍:"三世诸佛,依般若波罗蜜多故,得阿耨多罗三藐三菩提。故知般若波罗蜜多,是大神咒,是大明咒,是无上咒,是无等等咒,能除一切苦,真实不虚。故说般若波罗蜜多咒,即说咒曰:揭谛揭谛,波罗揭谛,波罗僧揭谛,菩提萨婆诃。"此为秘密般若,持诵之,自得破闸脱缰的自在自由之韵。

咒(*mantra*)是秘密语汇。它没有特指某种意义,恰恰是其意义之所在。《心经》以"观自在菩萨,行深般若波罗蜜多时,照见五蕴皆空,度一切苦厄"这一语义链开始,以无意义的咒语流结束,表现了伟大的书写智慧。《心经》的文本结构,就像一个人的生命历程,始于意义的造作而终于无意义之迁流。

一个伟大的文本，就是一个咒语流，它就是"真实不虚"的荒诞，是意义和无意义漂移迁流的开放维度。

《心经》可喻一人身相，他就是佛陀。《心经》亦可喻其他觉悟者身相，包括缪斯妹妹和我。"真实不虚"，你要相信。相信生成妙有，生成我和你。

咒语流的言辞念诵之妙，在于你"相信"，它就能加持你，帮助你的心灵之蕴摆脱重荷、破壁而飞。

咒语流之"用"，的确不在于意义表达，而在于呼唤。比尔·波特写道："咒语就如一盏神灯。只要你正确用功，就能唤出神灯里的精灵。玄奘的《大唐西游记》卷十中记载，他求学印度期间（630—644），曾前往大安达逻国（今印度南部安得拉邦）寻访清辨论师居住过的一座洞窟。据说，清辨在此窟中念诵一则名为《随心陀罗尼》的咒语长达三年，终于令观自在菩萨以色身示现眼前。不过，《心经》这盏神灯中所藏的精灵却不是观自在菩萨，而是能生诸佛的般若佛母——般若波罗蜜多。菩萨念诵般若波罗蜜多咒，便如同呼唤自己的母亲。"[1]

呼唤是某种隐秘节奏之花，这种节奏的打开即是咒语流。

呼唤诸佛的般若佛母——般若波罗蜜多，也是心灵之蕴的

---

[1] ［美］比尔·波特：《心经解读》，第179页。

"播种"。我有一阕献给缪斯妹妹的颂歌,名之曰《播种于山》:

午后。犁头弯木,与妹妹一起播种
阵雨的银芽,在山顶堆积如雪
日落。山坡在崩溃,木犁在投影
牛铃的空洞,呼唤着一对竹筐
黄昏。蝴蝶在阻止春花迎向暮鼓
回家吧。云层锃亮的号角,盛满了酒浆

2016年8月12日燕庐

梵文《般若波罗蜜多心经》

Prajnaparamita Hridaya Sutran

arya avalokiteshvaro bodhisattvo
gambhiran prajna-paramita caryan caramano
vyaavalokayati sma panca skandhas
tansh ca svabhava shunyan pashyati sma
iha shariputra
rupan shunyata shunyataiva rupan
rupan na prithak shunyata shunyataya na prithag rupan
yad rupan sa shunyata ya shunyata tad rupan
evam eva vedana sanjna sanskara vijnanam
iha shariputra sarva dharmah shunyata lakshana
anutpanna aniruddha amala avimala anuna aparipurnah
tasmac shariputra shunyatayan na rupan
na vedana na sanjna na sanskarah na vijnanam
na cakshuh shrotra ghrana jihva kaya manansi
na rupa shabda gandha rasa sprashtavya dharmah
na cakshur-dhatur yavan na manovijnanan-dhatuh

na avidya na avidya kshayo

yavan na jaramaranan na jaramarana kshayo

na duhkha samudaya nirodha marga

na jnanan na praptir na-apraptih

tasmac shariputra apraptitvad

bodhisattvo prajnaparamitam ashritya

viharaty acitta-avaranah

citta-avarana nastitvad atrasto

viparyasa atikranto nishtha nirvanah

tryadhva vyavasthitah sarva-buddhah

prajnaparamitam ashritya

anuttaran samyak sambodhim abhisambuddhah

tasmaj jnatavyan prajnaparamita maha-mantro

maha-vidya mantro

anuttara mantro

asama-sama mantrah

sarva-duhkha prashamanah satyam amithyatvat

prajnaparamitayam ukto mantrah tadyatha

gate gate paragate parasangate bodhi svaha

赤松英译《般若波罗蜜多心经》

The Heart Sutra translated by Red Pine (Bill Porter)

The noble Avalokiteshvara Bodhisattva,
while practicing the deep practice of Prajnaparamita,
looked upon the Five Skandhas
and seeing they were empty of self-existence,
said, "Here, Shariputra,
form is emptiness, emptiness is form;
emptiness is not separate from form,
    form is not separate from emptiness;
whatever is form is emptiness,
    whatever is emptiness is form.
The same holds for sensation and perception,
    memory and consciousness.
Here, Shariputra, all dharmas are defined by emptiness,
not birth or destruction, purity or defilement,
    completeness or deficiency.
Therefore, Shariputra, in emptiness there is no form,
no sensation, no perception, no memory and no consciousness;

no eye, no ear, no nose, no tongue, no body and no mind;
no shape, no sound, no smell, no taste, no feeling
    and no thought;
no element of perception, from eye to conceptual
    consciousness;
no causal link, from ignorance to old age and death,
and no end of causal link, from ignorance to old age and death;
no suffering, no source, no relief, no path;
no knowledge, no attainment and no non-attainment.
Therefore, Shariputra, without attainment,
bodhisattvas take refuge in Prajnaparamita,
and live without walls of the mind.
Without walls of the mind and thus without fears,
they see through delusions and finally nirvana.
All buddhas past, present and future
also take refuge in Prajnaparamita
and realize unexcelled, perfect enlightenment.
You should therefore know the great mantra of Prajnaparamita,
the mantra of great magic,
the unexcelled mantra,
the mantra equal to the unequalled,
which heals all suffering and is true, not false,
the mantra in Prajnaparamita spoken thus:
'Gate gate, paragate, parasangate, bodhi svaha.' "

玄奘译《般若波罗蜜多心经》

观自在菩萨，行深般若波罗蜜多时，照见五蕴皆空，度一切苦厄。舍利子，色不异空，空不异色，色即是空，空即是色，受想行识，亦复如是。舍利子，是诸法空相，不生不灭，不垢不净，不增不减。是故空中无色，无受想行识，无眼耳鼻舌身意，无色声香味触法，无眼界，乃至无意识界。无无明，亦无无明尽，乃至无老死，亦无老死尽。无苦集灭道，无智亦无得，以无所得故。菩提萨埵，依般若波罗蜜多故，心无挂碍，无挂碍故，无有恐怖，远离颠倒梦想，究竟涅槃。三世诸佛，依般若波罗蜜多故，得阿耨多罗三藐三菩提。故知般若波罗蜜多，是大神咒，是大明咒，是无上咒，是无等等咒，能除一切苦，真实不虚。故说般若波罗蜜多咒，即说咒曰：揭谛揭谛，波罗揭谛，波罗僧揭谛，菩提萨婆诃。

《般若波罗蜜多心经》注释

《般若波罗蜜多心经》题解

般若　梵语 prajna，一般译为"智慧"，也有学者认为是"初心"之义。其实，"般若"并非一个有恒定语义的名词，而是一个语义漂移着的动词。也就是说，般若（智慧、初心）是知识发生之前至知识发生之时的一种生发状态。或者说，般若，是智慧、初心生发漂移的一个过程。般若是一种生命能量的运动。这种推动心灵运动的能量，在世间般若、出世间般若和无上般若三个层次间回环漂移。以"般若"的表达路径而言，又可分为文字般若、观照般若和实相般若。由此可见，般若不是一个概念，而是一种漂移的路径和过程。

波罗蜜多　梵语 paramita，一般译为"到达彼岸"，也就是超越烦恼业障，修得涅槃之果，渡入圆满境界之义。因此，"波罗蜜多"也是一种心灵和语义漂移的路径和过程。

心　梵语 hridaya，即"核心""中心""本质"之义。紫柏大师说，此心，是以人身体中的心脏作比喻，说明此经是六百卷般若经雄文浓缩的精要。由于"般若"和"波罗蜜多"不是概念,而是某种心灵和行为的运动或活动,所以,心,也不能算一个概念,而只能算一个智慧初心凝聚的场域、一个力量的会通之津。由于"般若"和"波罗蜜多"并非恒有不动,是故,"心"也是漂移着的。

经 梵语sutra,指整理、缝合、装订起来的要典。在梵文里,一般指佛陀的语录或佛陀弟子们宣讲的佛陀语录。

观自在菩萨,行深般若波罗蜜多时,照见五蕴皆空,度一切苦厄。

观自在 梵语arya avalokiteshvaro,大菩萨名,"观自在"为玄奘法师所译,鸠摩罗什法师译为"观世音"。"观"即"看""观照""体悟"之义,"自在"即超然无碍的欢喜状态,"世音"即从观照着的世界返回观照者的声音。按梵语的另一个写法Avalokitasvara,译为"观音"或更符合原义。观自在菩萨的法蕴主要是慈悲。慈悲表达了佛教的核心价值关怀。观自在菩萨兼具男女身相。这位大菩萨还有一个其他菩萨鲜可比肩的能耐,他(她)化身无穷,灵验无比。向来人们对观自在菩萨的身世知之甚少。观自在菩萨或真有其人,或就是佛母摩耶夫人,不得而知。从观自在菩萨的大悲情怀和世人的尊崇来看,这位大菩萨已经保有了佛母转生的全部内涵。因此,观自在菩萨可以视为佛母(圣母)的化身。

菩萨 梵语 bodhisattva，全称"菩提萨埵"，一般译为"觉有情""觉悟有情"，亦可译为"勇敢的觉者"。"菩萨"包含自觉和觉他两种内涵，普度众生的觉他是大乘佛教区别于小乘佛教的关键。也就是说，菩萨行的是自度和普度众生的"菩萨道"，与"声闻"佛徒自修阿罗汉果不同。

行深 修行到达般若波罗蜜的觉悟境界。

照见 观照洞明，澄澈体悟。

五蕴 蕴，梵语 skandhas，本义为树干。佛经中的"蕴"，又译为"阴""众""聚"等。说得具体点，蕴，是人的感觉、感知系统对内心和外界的"观照""凝聚"路径和形式。五蕴，即色、受、想、行、识。色，是包括身体在内的物质，即外境；受，是感觉系统对外境或内境的领纳，即感觉活动本身；想，是对感觉领纳内外境之后的综合判断或想象推演，即知觉的判断演绎；行，有人释为"记忆"，有人释为"造作"，可以理解为感觉与知觉迁流和合为经验或概念名相的过程；识，是"了别""分别"之义，即可理解为意识活动对智性、知识的分别和造就。五蕴，是五种看自我与看世界的途径。每一蕴之间的界限很难分别，因为人的心灵结构中蕴的存在状态，是云卷云舒般聚散无常的。

空 梵语 shunya，指包括人在内的万象的"自性"之空。空，也是一个蕴。它既非"存在"，也非"不存在"；既非"有"，也非"无"。空，指与人之臆断、分别、猜想的世界区别开来的那个无自性本质的、虚幻的世界；换句话说，空，是人的心灵结构中放弃了所有执障之后觉悟到的那种状态；进一步说，空，是非性质、非本质、非法相的蕴之漂移。"照见五蕴皆空"，意思是说，就连"五蕴"也是执障，所谓五蕴，皆是空蕴。

度 实之为"渡"，虚之为"度"，即超度、超越、脱离、放弃等义。

苦厄 苦即困苦，厄即祸患、灾难。

舍利子，色不异空，空不异色，色即是空，空即是色，受想行识，亦复如是。

舍利子 梵语Shariputra，又译"舍利弗"等，佛陀的十大弟子之一，因善解法蕴、智慧超群，被誉为"智慧第一"。其他九大弟子是：迦叶（"头陀第一"）、目犍连（"神通第一"）、须菩提（"解空第一"）、富楼那（"说法第一"）、迦旃延（"论义第一"）、阿那律（"天眼第一"）、罗睺罗（"密行第一"）、阿难陀（"多闻第一"）、优婆离（"持律第一"）。

色不异空 "色"与"空"不可分离，即色-空同构。在心灵结构中，色蕴漂移为空蕴，空蕴漂移为色蕴，形成一个"色-空轮"的漂移迁流。

受想行识，亦复如是 受想行识四蕴，亦如色蕴一样，在心灵结构中漂移，形成"受-空轮""想-空轮""行-空轮""识-空轮"的漂移途径或漂移方式。五蕴，即心灵结构的五种轮转、五种漂移途径或方式。五蕴之间也相互漂移，形成心灵结构幻化不定、扑朔迷离的一个更大的蕴，即"心蕴"。《心经》要解开的是心蕴之结，即心蕴的执障（苦厄障、法相障等）；"了结"（解开）的方式，即将包括心蕴在内的诸蕴化为空蕴轮转，使心灵结构以空蕴飞翔。

舍利子，是诸法空相，不生不灭，不垢不净，不增不减。

诸法空相 诸法，即所有法，或曰万法；空相，是说相没有本质，没有性质，所谓相无非一种假名、一种漂移的蕴，所有相，包括"有"，都是空蕴。

不生不灭，不垢不净，不增不减 所谓生和灭、垢和净、增和减，都是包括五蕴在内的诸法的内涵，因为缘起性空，诸法为空性，所以生和灭、垢和净、增和减诸多内涵亦为空性。

是故空中无色，无受想行识，无眼耳鼻舌身意，无色声香味触法，无眼界，乃至无意识界。

空中无色，无受想行识 南阳慧忠禅师在《三注般若心经》中说："法性本空，故云空中；求色不可得，故云无色；推心不可得，故云无受想行识。"是为高论。《心经》凡260字,"无"字就有21个。"无"并非说什么都没有,而是说真如之境如梦似幻,不能抵达。或者说,"空中"是不存在五蕴、六根、六尘之类的法相的。说得更确切点,"无",并非指自然界无任何事物,而是说语言和心灵结构中不可能有与自然界的事物同等真实的事物,因此,语言和心灵结构中的"有"和"无",都是真实事物的假象(相),"诸法空相"即指语言和心灵结构之相为空相。

眼、耳、鼻、舌、身、意 即所谓"六根""六情"——眼根、耳根、鼻根、舌根、身根、意根,是人的六种感官,或者说是人经验世界、认识世界的六个出发点。比尔·波特说:"在早期佛教徒建构的世界体系之中,五蕴并非诸法的全部。五蕴之外,'十二处'也是非常重要的分析工具,它将我们的知觉经验分析为十二个'位置',也就是处(ayatana)。梵语ayatana意思是'休息之地',在古印度的语境里,通常指婆罗门家庭供奉圣火的神龛。佛教徒使用这个术语,当有吸引或迎合古代印度婆罗门的意图,此外也有修行上的暗示:修行就是将我们的精神力量引向身体内部的神坛。只不过,我们身体上的神坛不止一个,而是有十二个之多,每一处都供奉着知觉的圣火。"[1] "处"(ayatana),又译为"入"。ayatana的意思,"位置"即是"入口"。

---

1 [美]比尔·波特:《心经解读》,第127—128页。

色、声、香、味、触、法　即所谓"六尘"(又作"六贼")——色尘、声尘、香尘、味尘、触尘、法尘,是与"六根"相对应的六种外境。"六根"和"六尘",合为"十二处"。所谓"根""尘""处",也就是"蕴"凝聚的出发点、漂移点或轮转点,同时也是蕴相的显现。五蕴、十二处等,都是漂移之蕴的假名;因为都是假名,所以也都是空性。

无眼界,乃至无意识界　此句是"无十八界"之意。十八界,是人类另一套经验和认识世界的概念系统,或者说是另一套假名。"十八界"即"六根界""六尘界"和"六识界"的组合。"六根界"是"眼界、耳界、鼻界、舌界、身界、意界";"六尘界"是"色界、声界、香界、味界、触界、法界";"六识界"是"眼识界、耳识界、鼻识界、舌识界、身识界、意识界"。

无无明,亦无无明尽,乃至无老死,亦无老死尽。

此说"十二因缘"的"流转"与"还灭"。"十二因缘"是"无明、行、识、名色、六入、触、受、爱、取、有、生、老死"("六入"即"六根",亦名"六情")。弘一法师释云:"此十二因缘,乃说人生之生死苦果之起源及次序。借流转、还灭二门以显示世间及出世间法。流转者,'无明'乃至'老死'之世间法。还灭者,'无明尽'乃至'老死尽'之出世间法。若行般若者,世间法空，故经云，'无无明'，'乃至无老死'。出世间法亦空，故经云，'无无明尽'，'乃至无老死尽'。""十二因缘"是十二个概念，或者说是十二个蕴。这组蕴，是释尊在菩提树下觉悟的。十二因缘作为蕴的凝聚，各个蕴都可能在"流转""还灭"的漂移时刻显现。"因缘"际会本身就处于漂移迁流的"流转""还灭"时刻。在心灵结构中，"因缘"的生成和寂灭，都在语言中而不在事实中。事实进入心灵结构的通道，即是"无"或"空"，事实本身没有通道。

无苦集灭道，无智亦无得，以无所得故。

"苦、集、灭、道"即"四谛"，或曰"四圣谛"。"谛"是"真"或"真理"之义。"四谛"是释迦牟尼佛祖得道后在鹿野苑第一次说法的内容，也就是第一次觉悟并宣教的四个蕴（概念），是谓"初转法轮"。当是时，听众有五位比丘：阿说示、十力迦叶、摩诃男拘利、跋提、阿若侨陈如。此五位听众是跟随乔达摩·悉达多一起出家的。美国学者比尔·波特说："四谛与前文所说的其他概念范畴一样，致力于解答关于世界本质的问题。五蕴将世界分析为五根支柱，十二处以分处不同'位置'的感官来解释我们体验到的世界，十八界向我们描绘了一个以感觉元素组装起来的世界，十二缘起则用因果链来解释一切现象。由于因果在佛陀的证悟中扮演了重要角色，所以，很自然地，他在鹿野苑的开示也以因果为主旨，只不过他并没有向五比丘仔细阐明十二缘起的每一支,而是向他们讲授了一个更为简洁的版本,并辅以一套具体的修行法门,这就是四谛。"[1]

苦、集、灭、道四谛是凝聚之蕴或曰蕴之凝聚。"智"和"得"也是蕴。蕴的内涵不同,名称也就不同。"智"是漂移的般若,"得"是漂移的佛果、澄明无碍之境。由于"智"和"得"作为凝聚之蕴的"果位"(暂住点)为空,故曰"无智""无得"。弘一法师说:"所谓'智',所谓'得',皆不应执着。所谓'智'者,用以破迷。迷时说有智,悟时即不待言,故云'无智'。所谓'得'者,乃对未得而言。既得之后,便知此事本来具足,在凡不减,在圣不增,亦无所谓得,故云'无得'。"

菩提萨埵,依般若波罗蜜多故,心无挂碍,无挂碍故,无有恐怖,远离颠倒梦想,究竟涅槃。

挂碍,是牵挂、滞碍诸义。恐怖,是焦虑、恐惧诸义。颠倒梦想,是虚幻之境的反转漂移。涅槃,又译为寂灭、圆寂等,是从烦恼苦海中漂移而出、得以解脱之义。挂碍、恐怖、颠倒梦想、涅槃,都是蕴的凝聚。在心灵结构中,蕴有时在漂移途中受阻,有时

---

[1] [美]比尔·波特:《心经解读》,第143—144页。

在漂移时刻缤纷化解。

三世诸佛，依般若波罗蜜多故，得阿耨多罗三藐三菩提。

三世诸佛，即过去世佛、现在世佛、未来世佛，此指所有佛。依，即依靠、假借之义。阿耨多罗，"无上""至上"之义。三藐三菩提，"正等正觉""正遍知"之义。

故知般若波罗蜜多，是大神咒，是大明咒，是无上咒，是无等等咒，能除一切苦，真实不虚。

般若波罗蜜多，是作为动词的智慧漂移迁流而达觉悟彼岸之义。咒，是一种秘密语，或一种秘密语流、一种有关世界构成的"声波振动"，富有神力或加持力。有时候，这种秘密语是没有具体语义指向的音声，有时候则是一个语义短语（谓之陀罗尼）。咒之梵语mantra，还有"庇护所""坛"之义，即秘密语的暂住之所，或某种神力凝聚的一种能量场。说到底，咒是某种语言的巫术，是早期智者们"发现"或建立的人的心灵、行动与事实、存在的通道。咒语既是般若波罗蜜多的通道，也是般若波罗蜜多漂移的生命节奏自身。生命节奏的漂移迁流即是目的，因为般若波罗蜜多没有目的。咒语的念诵，是对语言之为神力的"相信"。

弘一法师云:"'咒者',秘密不可思议,功能殊胜。此经是经,而今又称为咒者,极言其神效之速也。'是大神咒'者,称其能破烦恼,神妙难测。'是大明咒'者,称其能破无明,照灭痴暗。'是无上咒'者,称其令因行满,至理无加。'是无等等咒'者,称其令果德圆,妙觉无等。'真实不虚'者,约般若体。'能除一切苦'者,约般若用。"

故说般若波罗蜜多咒,即说咒曰:揭谛揭谛,波罗揭谛,波罗僧揭谛,菩提萨婆诃。

比尔·波特说:"梵本中,本句的'般若波罗蜜多'一词使用了位格形式 prajnaparamitayam,这一点非常重要,因为它透露出的消息表明,这咒语是在般若波罗蜜多之中,换言之,它位于般若佛母的体内——它就是般若佛母的子宫。般若佛母以音声创造了它,修行者则是凭借着念诵之声与之谐振,从而得以进入般若佛母的子宫受胎。母亲们都会哼唱摇篮曲,般若佛母则会唱般若波罗蜜多咒。但是为什么观自在菩萨知道这句咒语?为什么他(她)要在此念诵这句咒语?这多半因为,观自在菩萨就是释迦佛母转生而来,因而他(她)本人就是般若佛母的化身示现。在密宗佛教典籍中,观自在菩萨常被称作'明主'(*vidya-adhipati*),也就是传授明咒的人。"[1]

揭谛（gate），是"到达"之义；波罗（para），是"彼岸"或"超越"之义；僧（san），是"众"或"完全"之义；萨婆诃（svaha），是"迅速""即刻"之义。

大神咒，大明咒，无上咒，无等等咒；揭谛揭谛，波罗揭谛，波罗僧揭谛，菩提萨婆诃。各种咒语和咒语流，如风春万物般激活生命、证悟生命，使生命脱离苦海，破壳以出，在空明无碍的境界中升华。因此，所有咒语，都可以总而言之为般若波罗蜜多咒。所有咒，终凝聚为一咒，一咒亦可漂移为诸多咒；正如所有蕴，均可在语言中凝聚为一蕴，一蕴亦可迁流为诸多蕴。当然，咒和蕴，在漂移迁流的时刻也在分解、和合，或暂住显明，或聚散幻化。般若波罗蜜多，既是咒，亦是蕴，是咒和蕴相互谐振的身心欢喜。

---

[1] ［美］比尔·波特：《心经解读》，第188—189页。